MADE IN AFRICA

LUÍS DA CÂMARA CASCUDO

MADE IN AFRICA

(Pesquisas e notas)

"Unser Afrika... nossa África."

LEO FROBENIUS

© Instituto Câmara Cascudo e Eduardo Luís da Câmara Cascudo, 2019

5ª Edição, Global Editora, 2001
3ª Reimpressão, 2023

Jefferson L. Alves – diretor editorial
Flávio Samuel – gerente de produção
Dulce S. Seabra – gerente editorial
Daliana Cascudo Roberti Leite – estabelecimento do texto e revisão final
Letras e Ideias Assessoria em Textos,
Maria Aparecida Salmeron e Tatiana Tanaka – revisão
Marcelo Azevedo – capa
Gisleine de Carvalho Samuel – editoração eletrônica

CIP-BRASIL. CATALOGAÇÃO NA FONTE
SINDICATO NACIONAL DOS EDITORES DE LIVROS, RJ

Cascudo, Luís da Câmara, 1898-1986.
   Made in Africa : (pesquisas e notas) / Luís da Câmara Cascudo. –
5. ed. – São Paulo : Global, 2001.

   ISBN 978-85-260-0687-4

   1. África – Civilização – Influências brasileiras 2. Angola – Usos e costumes 3. Brasil – Civilização – Influências africanas 4. Folclore negro 5. Moçambique – Usos e costumes 6. Negros – Brasil I. Título.

00-5426   CDD-981

Índices para catálogo sistemático:
1. Brasil : Influências africanas : Civilização   981

Obra atualizada conforme o
NOVO ACORDO ORTOGRÁFICO DA LÍNGUA PORTUGUESA

Global Editora e Distribuidora Ltda.
Rua Pirapitingui, 111 – Liberdade
CEP 01508-020 – São Paulo – SP
Tel.: (11) 3277-7999
e-mail: global@globaleditora.com.br

- globaleditora.com.br
- @globaleditora
- /globaleditora
- @globaleditora
- /globaleditora
- /globaleditora
- blog.grupoeditorialglobal.com.br

Direitos reservados.
Colabore com a produção cientifica e cultural.
Proibida a reprodução total ou parcial desta obra sem a autorização do editor.

Nº de Catálogo: **2139**

Sobre a reedição de Made in Africa

A reedição da obra de Câmara Cascudo tem sido um privilégio e um grande desafio para a equipe da Global Editora. A começar pelo nome do autor. Com a anuência da família, foram acrescidos os acentos em Luís e em Câmara, por razões de normatização bibliográfica. Foi feita também a atualização ortográfica, conforme o Novo Acordo Ortográfico da Língua Portuguesa; no entanto, existem muitos termos utilizados no nosso idioma que ainda não foram corroborados pelos grandes dicionários de língua portuguesa nem pelo Volp (Vocabulário Ortográfico da Língua Portuguesa) – nestes casos, mantivemos a grafia utilizada por Câmara Cascudo.

O autor usava forma peculiar de registrar fontes. Como não seria adequado utilizar critérios mais recentes de referenciação, optamos por respeitar a forma da última edição em vida do autor. Nas notas foram corrigidos apenas erros de digitação, já que não existem originais da obra.

Mas, acima de detalhes de edição, nossa alegria é compartilhar essas "conversas" cheias de erudição e sabor.

Os editores

Sumário

O mais popular africanismo no Brasil 11
Sereias de Angola 18
O reino do Congo na terra do Brasil 25
A rainha Jinga no Brasil 33
O papagaio-cinzento de Cabinda 41
Do Negro e do Preto 45
O luminoso companheiro 54
Lundu 57
Guerras do Ananás e do Abacaxi 61
Cafuné 67
Maxila, Tipoia e Rede 73
Nilotenstellung e a posição do socó 80
A saudação africana 86
Luanda! Luanda! 93
Quem perde o corpo é a língua 99
Farofa, Farófia 101
Démeter bebeu gongoenha… 104
Ausência do Diabo africano 106
Notícia do Zumbi 113
Recado ao morto 119
Cabinda Velha 122
Umbigada 130
A pata do coelho 142
A cor branca 146
Piranji exporta jimbo 149
Do andar rebolado 154
Interlúdio nominativo 160
Maka ma Ngola 165
    I – Santo preto 165
    II – Representação do "branco" 166

III – Pirão e fúnji 167
IV – Rosa Aluanda qui tenda, tenda… 169
V – A importância da desatenção 171
VI – Beber fumo 171
VII – Um testo de panela fiote 174
VIII – A milonga no Brasil 176
IX – Publius Syrus em Fortaleza e Luanda 177
X – O nome bonito 178

Adendo

O cafuné em Angola – ÓSCAR RIBAS 182

> "Como todas as cousas têm fim,
> convém que tenham princípio."
>
> Gabriel Soares de Sousa (1584)

Reúno aqui observações africanas com reminiscências de livros. Tudo quanto vi na África Oriental e Ocidental *testei* com as velhas leituras silenciosas em quarenta anos de simpatia.

Percorrendo a África não procurava endosso e aval às minhas conclusões anteriores, mas informação que legitimasse, pela evidência imediata, continuidade ou modificação às *verdades* iniciais. Assim, *Made in Africa*, feito na África, constitui elaboração obstinada de material brasileiro e local, demonstrando influências recíprocas, prolongamentos, interdependências, contemporaneidade motivadora nos dois lados do Atlântico ou do Índico.

O meu longo e total contacto com o povo brasileiro, na investigação de sua cultura, capacitava-me para ver e ouvir sudaneses e bantos na sua pátria, como privara com seus descendentes na minha.

Seguia, de perto, o conselho de Roquette-Pinto: – *Não discuto. Verifico.*

Quando não compreendia bem um aspecto do homem africano, recordava Machado de Assis e *perguntava a mim mesmo o que diriam de nós os gaviões, se Buffon tivesse nascido gavião*.

O assunto dessas indagações será um processo autenticador de elementos africanos que permanecem no Brasil e motivos brasileiros que vivem n'África, modificados, ampliados, assimilados mas ainda identificáveis e autênticos. Não é livro-de-livro nem caderno de viagem. Em todos os temas há uma nota de pesquisa direta e pessoal, comprovadora da exatidão analisada. Quase todos esses estudos foram iniciados nas cidades, aldeias, acampamentos africanos, sob a poderosa sugestão temática ao alcance dos olhos.

O maior esforço foi limitar a imaginação. Nem do instinto confidencial das impressões itinerárias admiti a colaboração sedutora. Como Volney, voltando do Egito, *il me paraît important d'économiser le temps des lecteurs*.

Viajei com a missão restrita de estudar alimentação popular na África do Atlântico e do Índico, preferencialmente nos povos bantos porque os sudaneses orgulham-se de predileções eruditas, registradoras, minuciosas, indo até os cimos da interpretação orientadora. Fui um homem curioso pela normalidade africana.

Graças à admirável colaboração encontrada, todos os meus problemas foram resolvidos no plano da serena continuidade. Posso resumir a minha recordação grata afirmando que jamais um único deveu a tantos. Não cito nomes pelo pavor da inconsciente omissão irreparável.

Este livro tem uma unidade: Brasil n'África e África no Brasil.

Como não há bufarinheiro que não louve suas agulhas, direi que esses assuntos vividos no Brasil foram, pela primeira vez, estudados entre os bantos com os olhos limpos da sedução doutrinária. Os motivos pesquisados tinham a dupla nacionalidade sentimental.

Vendo-os em nossa terra, reconhecidos, identificados nas raízes imóveis, é possível o grito gaiato de Luanda: – *Tala on n'bundo!* Olha o negro!

*Cidade do Natal,
Julho de 1964.*

LUÍS DA CÂMARA CASCUDO

O mais Popular Africanismo no Brasil

Banana é o mais popular dos vocábulos africanos no Brasil.

À popularidade verbal corresponde o consumo diário. Banana é a fruta preferida, indispensável para o paladar brasileiro, inarredável sua presença cotidiana na alimentação trivial. Fruta dos ricos e dos pobres, refeição, sobremesa, merenda, engana-fome. Todos a conhecem. Sua ausência é inconcebível. *Ku'xi iâ kueniê mahonjo*, na terra deles não há bananas?, perguntavam, surpresos, os pretos de Luanda, sabendo do cardápio inglês. A frase seria tipicamente brasileira, como os indígenas do alto Rio Negro perguntavam, em 1850, a Alfred Russell Wallace.

Na linguagem vulgar tem significações incontáveis, ápodos, gestos, obscenidades. Representa o homem apático, moleirão, despersonalizado. Um banana.

Há, realmente, um Folclore da Banana.

Possuímos duas, de uso secular. A brasileira, nativa, participando do passadio ameraba, e a outra, trazida pelos portugueses, meados do século XVI. A primeira, Pacova. A segunda, Banana.

Pacova, pacoba, *pac-oba*, a folha de enrolar ou que se enrola. Nome comum das Musáceas. Alteração para Pacó: Pará, Amazonas, segundo Teodoro Sampaio.

J. M. Dalziel (*The Useful Plants of West Tropical Africa*, Londres, 1937) crê *banana* originar-se nos idiomas do oeste africano; *a bana*, plural de *e bana*, do timé; *bana*, plural *mbana*, do sherbro. Timé fala-se no Estado de Samori, Costa do Marfim, compreendendo também mandingas e bambaras. Sherbro, cherbro, diz-se na ilha do mesmo nome, adjacente à Serra Leoa. Ambas na África Ocidental. A banana não é nativa do continente negro e sim recebida da Índia através da África Oriental ou pelo Sudão, descida do Egito e vinda pelos caminhos do Niger e do Zaire para as demais regiões do poente, do Camerum à União Africana. E passando da Contracosta ao Atlântico, pelas Rodésias para Angola, quando a Guiné a teria pelas vias das populações ao longo dos grandes rios do oeste negro.

Na Índia começa a sua História real e as estórias lendárias.

Diziam-na *quelli, kela, kala, kayla, kail* em canarim e outras línguas, derivadas do sânscrito. *Kela* em hindi, *varaipparam* em tamil. *Palam, pala, vala,* entre os malabares. *Piçam, pissang,* na Malaia. *Musa, amusa, al-mauz,* entre os árabes, Síria, Egito, bacia do Mediterrâneo, e foi esse o nome que Linneu escolheu para denominar o gênero Musa, musáceas. Garcia da Orta (*Colóquios dos simples e drogas da Índia,* Goa, 1563, adotada pelo conde de Ficalho, Lisboa, 1891) descreve, "Colóquio XXII", os *Figos da Índia,* nome da banana entre os não nativos da região. Ainda em 1797 o governador Lacerda e Almeida deparava na Zambézia as bananas *a que chamam figos.* Garcia da Orta sabia da expansão desse *figo* noutras paragens da Ásia, África e América do Sul, bem antes de 1563. Escrevia: *tambem ha estes figuos em Guiné, chamamlhe BANANAS.* A Guiné de Garcia da Orta valia dizer quase toda a África Ocidental, simbolizando o país dos negros, a terra dos pretos, e não fixando o que conhecemos presentemente pela Guiné. *Bem sey que figos há na Nova Espanha e em o Peru, e nós temos no Brasil.* E antes: *tambem os há na costa do Abexin e no Cabo Verde.* O capitão André Álvares d'Almada, descrevendo a Guiné dos últimos lustros do século XVI, informava: *Há bananas que é muito boa fruta.* O nome "banana" só aparece na África de oeste.

Interessa-me o itinerário no rumo do Brasil e não a geografia expansionista da musácea que é vasta e antiquíssima.

Em 1563 essas musáceas eram conhecidas na Guiné com o nome de *bananas,* denominação que ficou restrita à orla ocidental africana. Na sua *Relação do Reino do Congo e das terras circunvizinhas* (Lisboa, 1591), Duarte Lopes, anotado pelo italiano Filippo Pigafetta (*Relazione del reame di Congo,* Roma, 1591), informa: "outros frutos há que se nomeiam *Bananas,* os quais julgamos serem as Musas do Egito e de Síria." O conde de Ficalho acredita que a alusão às Musas seja de Pigafetta mas a menção das *bananas* legitimamente de Duarte Lopes. As notícias do português ao italiano ocorreram entre 1588-1589. O informador estivera no Congo dez anos antes.

O grande entreposto entre Congo e Portugal era a ilha de São Tomé, de onde governo e socorro muitos anos dependeram. O marinheiro Gonçalo Pires, que estivera em São Tomé, dezembro de 1506, descreveu a Valentim Fernandes uma árvore original: *E he assi amarella como codea de melão e assi daquella feyção de talhada de melão, e he tã doce como assucar e ha dẽtro maciço e como cousa coalhada.* Chamou-a *Aualaneyras,* avelaneira, trocando o *V* pelo *B*. Ficalho supõe sementes trazidas da Índia e plantadas na ilha pelos portugueses. Viessem da costa africana, Congo, Guiné, certamente trariam o nome de *bananas*, como a conheciam naquela região.

No quimbundo, em Angola, banana é *mahonjo*. O nome nos veio da Guiné. A presença de outros idiomas africanos não predominou para a popularidade denominadora. Ficou sendo "Banana", essencialmente no Brasil. Daqui é que o nome se espalhou e não da África do século XVI.

Gabriel Soares de Sousa, chegando à Bahia em 1569, encontra bananeiras idas da ilha de São Tomé competindo com as pacovas nativas: "As bananeiras têm árvores, folhas e criação como as pacobeiras, e não há nas árvores de umas às outras nenhuma diferença, as quais foram ao Brasil de São Tomé, aonde ao seu fruto chamam *bananas* e na Índia chamam a estes *figos de horta*, as quais são mais curtas que as pacobas, mas mais grossas e de três quinas; têm a casca da mesma cor e grossura da das pacobas, e o miolo mais mole e cheiram melhor como são de vez, as quais arregoa a casca como vão madurecendo e fazendo algumas fendas ao alto, o que fazem na árvore; e não são tão sadias como as pacobas. Os negros da Guiné são mais afeiçoados a estas bananas que às pacobas, e delas usam nas suas roças; e umas e outras se querem plantadas em vales perto d'água, ou ao menos em terra que seja muito úmida para se darem bem e também se dão em terras secas e de areia; quem cortar atravessadas as pacovas ou bananas, ver-lhes-á no meio uma feição de crucifixo, sobre o que contemplativos têm muito que dizer."

Os escravos negros preferiam naturalmente as bananas de sua terra e não as pacovas, ácidas pelo tanino. Plantavam regularmente bananais.

Pero de Magalhães Gandavo, nessa época, informava: "Tambem ha huma fruita que lhe chamão Bananas, e pela lingua dos indios Pacovas: ha na terra muita abundancia dellas...

E assadas maduras são muito sadias e mandão-se dar aos enfermos. Com esta fruita se mantem a maior parte dos escravos desta terra, porque assadas verdes passão por mantimentos." Referia-se às Pacovas que eram comidas assadas ou cozinhadas, comumente, e não cruas como as bananas posteriormente vindas. Aquelas, cozidas, podem "suprir a falta do pão", escrevia Lacerda e Almeida em 1788 no Mato Grosso.

O nome *banana* só poderia ter ido d'África Ocidental onde assim a denominavam. Noutras paragens os nomes eram diversos e esses não atingiram o Brasil. À margem direita do rio Zaire (Congo), no antigo Congo Belga, está a vila BANANA, tão citada nos trabalhos de Henry Stanley.

Banana fica a 60 quilômetros de Cabinda, em Angola, outrora o porto do Congo português.

Fernão Cardim, vindo para a Bahia em maio de 1583, estuda a *Pacoba*, denominação no idioma da terra. Cita-a como "figueira de Adão": "... Assadas são gostosas e sadias. He fruta ordinaria de que as hortas estão cheias, e são tantas que he huma fartura, e dão-se todo o ano".

Não atino com outro roteiro para a viagem da banana. Índia-África--Brasil. Na Índia acreditavam que alimentasse os letrados como nutrição suficiente, e daí o *Musa sapientum*, que os franceses dizem *bananier des sages*. É a que se divulgou pela Polinésia, Melanésia, toda a poeira insular dos mares do sul, como base alimentar.

A outra espécie, ambas com enxertias e variedades incontáveis, é a *Musa paradisiaca*, Linneu, *bananier du Paradis* ou *Figuier de Adam*, porque fora o verdadeiro pomo visto por Eva, constituindo o motivo tentador, ouvida a serpente. A lenda, de texto erudito, comum na Europa, viajou para o Brasil onde a deparamos, vez por outra, nos velhos cartapácios venerandos.

A pacova, pacoba, "banana-da-terra", nativa do Brasil para von Martius e Saint-Hilaire, é a *Musa paradisiaca*. A que recebemos no século XVI é a *Musa sapientum*. Em volta dessa classificação há uma biblioteca concordante e discordante. Nesses assuntos, *ni quito ni pongo rei*.

Johann Gregor Aldenburgk, na Bahia de 1624, informava e distinguia: "Um cacho de bananas é carga bastante para uma pessoa; parecem com pepinos, são de cor amarela, doces e de agradável sabor; as curtas e grossas são chamadas bananas, e as curvas, compridas e pontudas, pacovas." Zacharias Wagener, vivendo no Recife, de 1634 a 1641, descreveu "bananas", dizendo-as "pacobas" (*Zoobiblion*, São Paulo, 1964).

O conde de Ficalho, citando Maçudi, o historiador do século X, enumera as trinta frutas que Adão levou do Paraíso quando o expulsaram: 10 com cascas, 10 com caroço e 10 sem cascas e sem caroços. Entre as dez primeiras estava a banana, *al-mauz, amusa, musa*, paradisíaca, evidentemente, pois do Éden saíra.

Dizia-se no Oriente *figo* à banana porque a tradição fizera da bananeira árvore fornecedora das folhas para o primeiro traje de Adão e Eva, no inicial assomo de pudor, provocado pela degustação da árvore do Bem e do Mal.

Fruta do Paraíso, primeiro manto ao primeiro casal, a banana mereceu a lenda emocional de apresentar, quando cortada transversalmente, o crucifixo e mesmo o crucificado. Frei João de Marignolli atestava no Oriente: *Et istud vidimus oculis nostris... imago hominis crucifixi*, que frei Pantaleão de Aveiro, romeiro da Terra Santa em 1563, atestou concordantemente (*Itinerário de Terra Santa*, Lisboa, 1593).

No Brasil há o registro de Gandavo, à volta de 1570: "... a qual he que quando as cortão pelo meio com huma faca ou por qualquer parte que seja acha-se nellas hum signal à maneira de Crucifixo, e assi totalmente o parecem." Gabriel Soares de Sousa escrevera, igualmente afirmante. Frei Antônio do Rosário (*Frutas do Brasil numa nova e ascética monarquia*, Lisboa, 1702) não esquecera: "As frutas dos carpinteiros serão as bananas, porque cortadas com uma faca mostram no miolo a efígie de um crucifixo, para lembrança da simpatia de Cristo com o lenho da cruz, no ofício de carpinteiro."

John Luccock, no Rio de Janeiro de 1808, ainda menciona: "Não há bom católico, neste país, que corte uma banana transversalmente, porque seu miolo apresenta a figura de uma cruz" (*Notas sobre o Rio de Janeiro*). A generalização corria por conta da fatuidade britânica e luterana do tempo.

A convergência temática da banana ao membro viril é outra presença várias vezes centenária e que o conde de Ficalho anotou. Vendo-a, Eva seria seduzida pela semelhança fálica: *"quum fructus refert membrum virile, cujus adspectu Eva in effrenam illam cupiditatem instigata fuit"* (Rumphius).

A imagem continua popular no Brasil.

Há o gesto obsceno de *dar bananas*. É tradicional em Portugal, Espanha, Itália, França, com significação idêntica, intencionalmente itifálica. Num quadro de Vien, *La Marchande d'Amours*, um deles dá, galantemente, bananas.

Bate-se com a mão no sangradouro do outro braço, curvando e elevando este, com a mão fechada. O antebraço, oscilante, figura o falos. Noutra modalidade, põem o antebraço na curva interna do outro. O gesto nos veio de Portugal onde o denominam *manguito, dar manguitos, apresentar as armas de São Francisco*. Na Itália é o *far manichetto* e na Espanha *hacer um corte de mangas* (Hermann Urtel, *Beiträge zur portugiesischen Volkskunde*, Hamburgo, 1928). No Brasil é que tomou o nome de "bananas". Nenhuma outra fruta permitiria a inevitável associação morfológica.

Garcia da Orta elogiava os *figos* "deitados em vinho com canela per cima... frege os em açucare até que estejam bem torrados, e com canela per cima sabem muyto bem... Levam os pera Portugal per matalotagem; e comem os com açucare, e pera o mar he bom comer."

No Brasil houve sempre gabos. Jean de Léry dizia a *pacoère* mais doce e saborosa que os melhores figos de Marselha. "Deve portanto a

pacova figurar entre as frutas melhores e mais lindas do Brasil" (1557-
-1558). O Dr. Piso, nos anos de 1637-44 que viveu em Pernambuco, estudou a "Pacoeira e Bananeira" (*História Natural e Médica da Índia Ocidental*, XXI, Amsterdã, 1658), deliciando-se em saboreá-las "fritas com ovos e açúcar, ou cozidas em bolos como tortas". "Secas ao sol e ao fogo, conservam-se por muito tempo e são importadas pela Europa, onde são vendidas." Os indígenas faziam um vinho fermentado, embriagador. As pacovas eram assadas ou cozidas e as bananas prestavam-se ao nenhum trabalho porque comiam-nas logo na colheita quando maduras. Max Schmidt (1900-1901) considerava superior uma sopa de bananas feita pelos Guatós no Alto Paraguai, Mato Grosso. Otto Zerries cita uma sopa de bananas, contemporânea, na aldeia de Mahekodotedi, Waika do alto Orinoco, grupo de cultura primária, e que usa a sopa de bananas, também veículo para a absorção das cinzas dos parentes defuntos, no curso de cerimônias noturnas e tenebrosas.

Para o povo a bananeira é cercada de mistérios e poderosa em superstições. Ensina-me o Prof. Cândido de Melo Leitão, anotando Henry Walter Bates, tratar-se *realmente de gigantesca erva*. Não é árvore nem parece com outra qualquer espécie.

Frei João Pacheco (*Divertimento erudito*, Lisboa, 1734) informa: "quando o cacho quer brotar a fruta (e tem cada uma delas 40, 50 e mais bananas) dá gemidos, como mulher que quer parir. Na Bahia há opinião que é fruta proibida por Deus a Adão." Essa *ciência* circulava também nos países do Prata. Na Argentina, Juan B. Ambrosetti (*Supersticiones y Leyendas*, Buenos Aires, 1947) semelhantemente registrou: "La higuera y el banano tienen *póra*, es decir, se cree que en ellos hay como incrustada una especie de alma o fantasma, que de vez en cuando produce quejidos; para os oírlos se prefiere tener estas especies lejos de las casas."

A bananeira que não dá frutos deve ser abraçada por um homem. Enterrando-se uma faca virgem na bananeira, na véspera da noite de São João, 23 para 24 de junho, pela manhã o tanino desenhará na lâmina o nome do futuro esposo ou esposa.

A bananeira, na sua presença nas aldeias indígenas, determinou um índice de aculturação e proximidade no plano da interdependência social. Os grupos humanos sem bananeiras denunciam isolamento, primarismo, marcha inicial. Nem mesmo os técnicos falam nas pacovas mas citam sempre as bananeiras vindas da África, diretas ou via São Tomé, favoritas do apetite escravo que não suportava suficientemente as *paradisíacas* amerabas. Demonstram um adiantamento aquisitivo na cultura ambiente.

Quando, em 1858, chegou ao Rio de Janeiro o poeta português Faustino Xavier de Novais (1820-1869), Casemiro de Abreu saudou-o, eufórico, citando as bananeiras como ornamento tradicional brasileiro, não palmeira, caju ou pau-brasil.

> Bem-vindo, bem-vindo sejas
> a estas praias brasileiras!
> *Na pátria das bananeiras*
> as glórias não são de mais;
> bem-vindo, ó filho do Douro!
> à terra das harmonias;
> que tem Magalhães e Dias,
> bem pode saudar Novais!

Sereias de Angola

> "Quianda mutu, mutu Quianda.
> A Sereia é gente, gente é Sereia."

Angola possui suas sereias, encantadas, poderosas, influindo para o bem e o mal, com a respeitosa ambivalência popular de amor e medo.

Quianda é a sereia marítima. Vive nas águas salgadas ao redor de Luanda e por toda a orla do Atlântico angolano. Sua velha morada era nos rochedos que circundam a fortaleza de São Miguel, entre a Marginal e a Praia do Bispo.

Diante da cidade está a ilha de Luanda, Muazanga para os axiluandas, seus nativos, ligados ao continente por uma larga ponte. Quianda é aí culto antigo para os axiluandas. Tem uma intérprete, sacerdotisa, devota profissional, a *Quilamba*, açafata em suas festas, como as "mães de terreiro" na Bahia para o presente de Iemanjá, a sereia jeje-nagô. *Quilamba*, homem ou mulher. No tempo de Chatelain *a vassal chief is called a KILAMBA of his suzerain*.

A outra sereia angolana é Quituta, morando nos rios e lagoas, montes e matas, Iemanjá terrestre, com os mesmos poderes assombrosos. Talvez o *Mituta*, de Ambriz, dos rios, lagos e mar, para o norte.

Quianda faz plural em *Ianda*, e Quituta em *Ituta*, no idioma quimbundo.

Há uma terceira, vivendo em Mbaka, Ambaca, com o nome de Quiximbi, podendo ser masculina ou feminina e tendo domínio nos rios e lagoas da região.

Quianda, Quituta, Quiximbi são realmente *water genius*, antiquíssimas entidades locais valendo como força materializadora do próprio elemento. Depois, muito depois, é que foram reduzidas em forma física e aculturadas com o mito das sereias do Mediterrâneo. Cada rio teria seu nume particular, recebendo as ofertas que seriam pagamentos da travessia, um direito de pedágio, e também de pesca. Assim foram todos os rios históricos da Ásia e da Europa. Antes da construção dos templos eram reverenciados no elemento continente, atirando-se moedas, vasos, ex-votos. Sacudir a moeda dentro d'água ainda recorda o rito milenar. As escavações têm revelado que os rios e nascentes europeias foram lugares de devoção. Ainda lançamos hoje moedas de prata nas fontes de Roma como no tempo de Augusto atiravam no lago Curtius moedas, *stipem jaciebant*, pela saúde do Imperador (Suetônio, *Augustus*, LVII). Os barqueiros do rio São Francisco cumprem esse rito que é romano e não africano. Vem de Netuno, dos Rios-Deuses personificados, e não de Iemanjá ou Quianda.

Para evidenciar o aculturamento dos *water genius* com as sereias, lembro a existência em Angola litorânea de um deus que é senhor dos animais aquáticos e que se chama Mutacalombo. Esse Mutacalombo é casado com Caiongo e tão amoroso da mulher que a cavalga quando nas manifestações provocadas pelos *xinguiladores*, médiuns, aparelhos, "cavalo do santo", como dizem na Bahia.

Depois de muita leitura e conversa comprida na ilha de Luanda e nos Musseques, os bairros pobres circunjacentes da cidade, fiquei sem entender as fronteiras da competência funcional e a extensão jurisdicional entre as sereias e Mutacalombo.

Mutacalombo parece ficar mais reservado para as atuações libertadoras e terapêuticas, agindo pela voz e gesto das xinguiladoras em possessão. Não há para ele oblação pública, exterior, coletiva, como Quianda e Quituta recebem em Luanda e Quiximbi em Ambaca, Lucala e Cuanza.

Esse Mutacalombo tem uma história atordoadora. Não é preto mas branco. Português e não angolano. Católico e não pagão. Foi cônego em Portugal! Morreu bem velho num monte de salalé (formigas brancas), nos Musseques ao arredor de Luanda. A xinguiladora que o representa envolve-se num manto escarlate quando devia ser azul, e decide para restabelecer a justiça, liberando obsessões. Aparece com a esposa Caiongo.

A sua PEDRA, seção, grupo subordinado, manifestando-se subsequentemente, não compreende nenhuma sereia. Menciona Oscar Ribas (*Ilundo*, Luanda, 1958), Dinhanga de Quitúxi, Úii de Gongo, Uheto Xoioio, Suco, Muxima, Samba Zundo. Dinhanga de Quitúxi foi um caçador assassinado. Úii de Gongo, deus da caça. Uheto Xoioio, antigo serviçal da Serra Leoa. Suco e Muxima, mulheres de Quissama. Samba Zundo é outra esposa de Mutacalombo. Nenhum animal que viva n'água. E até onde rasteja o meu quimbundo, Mutacalombo, etimologicamente, nada tem de comum com água. MUTU é gente, o ser, a pessoa, e CALOMBO, deusa da Esterilidade. Segredos do panteão negro. Chatelain diz *Muta-Kalombo*, rei da floresta, *Woodland*.

Na PEDRA DE CAZOLA, "ou da Afeição", comparece uma sereia, silenciosa, sentada, imóvel, quase inoperante, com seu turbante de quatro búzios.

Culto exterior vive ainda em Angola, notadamente na ilha de Luanda, para as sereias.

A etnógrafa Ana de Sousa Santos fixa, excelentemente, a festa essencial de Quianda entre os pescadores ilhéus:

"De tempos a tempos, a vida piscatória sofria uma pequena alteração na sua rotina, devida a umas cerimônias ritualistas a prestar à sereia, *Kianda*. Toda a ilha se movimentava de ponta a ponta, pois nenhuma aldeia se eximia a prestar homenagem à entidade que não só lhes dava o sustento durante o ano mas também lhes trazia apreensões. Então, para a celebração dessas práticas, convidavam-se *imbanda* (sing. *kimbanda*) que tinham por ofício dirigir a celebração de toda a liturgia, em colaboração com o *kilamba*, intérprete do sentir das sereias. Para esses cultos existia uma casa própria, o *dilombo*. Em cada sanzala duas mulheres encarregavam-se de fazer a coleta dos óbulos, para o que concorriam todos os moradores, generosamente. Recolhida a totalidade do dinheiro, procedia-se à contagem e, com a soma obtida, compravam pratos, canecas, chávenas, toalhas, vinhos finíssimos (dos melhores e dos mais caros, inclusivamente champagne e whisky) e todas as iguarias, tanto africanas como europeias, também das melhores e com muita abundância, pois ninguém devia ser mesquinho em honrar a *kianda*.

"À noite, estendiam luandos sobre a praia e o *kilamba*, com todo o requinte de que era capaz, estendia a toalha sobre aqueles e punha a mesa para o festim.

"Por outro lado, durante o dia, em todas as sanzalas não cessavam os toques de *jingoma* (sing. *ngoma*, espécie de tambor), para assim avisarem a sereia do que, em sua honra e do seu séquito, se lhe estava preparando.

"Estas cerimônias duravam quinze dias a um mês e, muitas vezes, mais tempo ainda, pois, em todas as sanzalas, sucessivamente, se repetia o cerimonial. Entretanto ninguém podia ir à pesca, e só com a autorização do *kimbanda* o podiam fazer, com o fim exclusivo de que não faltasse comida ao povo."

A sereia, segundo afirmações duma octogenária, pode ser visionada sob várias formas: umas vezes de peixe, outras de porco, outras de boi, outras ainda de um sacerdote com os hábitos talares. Enfim, ela pode aparecer sob múltiplos e variadíssimos aspectos. Nestes tempos, dizem eles, "com tantas confusões dos brancos" (e isto se refere ao progresso, à vida agitada dos nossos dias), as sereias deixaram totalmente de aparecer.

Heli Chatelain, que viveu na velha Luanda (a partir de 1885), informa: *It is the water genius, and it controls the finny tribe on which the native population of Loanda chiefly depend for their sustenance. Hence its popularity. The water-locked rocks beyond Fort St. Michael, at Loanda, are consecrated to Kianda and serve as altars, on which the natives still deposit offerings of food. The Axi-Luanda (inhabitants of Loanda Island) celebrate a yearly holiday, with elaborate rites, in honor of Kianda.*

As sereias podem influir na concepção dos filhos gêmeos quando um dos cônjuges passa junto à pousada de uma delas e esta *pode entranhar-se nele*, como informa o sr. Borges do Canto, do Instituto de Investigação Científica de Angola. A *muvalesa* (parteira) ajudando a parturiente entoa cantigas propiciatórias, antes e depois do puerpério.

> *Ngana tu judale!*
> O Senhor nos ajude!
> *Se iximbi se ituta,*
> Se são pessoas ou sereias,
> *Ize bukanga twitambulule.*
> Venham para que nós as recebamos.

Verificado o parto duplo, canta a *muvalesa*:

> Meu Senhor, nós agradecemos pelos gêmeos
> *Ngana iami, tua tondo tua sakidila na kua ndumba,*
> Pelos gêmeos do mato.
> *Na kua ngongo a mbadi*
> Etc.

O verso *Se iximbi se ituta* parece-me referir-se às duas espécies de sereias, Quiximbi e Quituta, esta no plural e aquela igualmente, ambas do mato, égides aquáticas em terras de lavradores e não pescadores, como seria Quianda para os axiluandas da ilha. Há mesmo uma alusão aos *gêmeos do mato*, inteligíveis nessa acepção.

É tradicional oferecer-se uma refeição, a *mesa*, quando as crianças crescem ou se aproximam da puberdade. Um rito de passagem. Comparece indispensavelmente o *quimbanda*, adivinho-médico--conselheiro, superintendendo a festa, fiscalizando a ortodoxia cerimonial. Terminando o ágape, iniciando-se a parte do ritual, o *quimbanda* "abre o terreiro", *kujukula o dikanga*, invocando as sereias: "Venho abrir o terreiro, por isso vos suplico, ó respeitáveis, pois a sereia é ser sobrenatural, a pessoa é ser sobrenatural; a sereia é parente, a pessoa é parente; a sereia é pessoa, a pessoa é sereia" (*Ilundo*). Fórmula mágica da identidade unificadora, obrigando, pela contiguidade, a proteção do mortal pela continuidade divina.

A informação de uma oferta individual, isolada do grupo, às caladas da noite, foi-me dada contraditoriamente, afirmando-a ou negando-a, de maneira formal. Nos Musseques, não. Na ilha, sim. Quer dizer: para Quianda um devoto solitário e grato poderá jogar uma oferta ao mar. Quituta e Quiximbi só receberão presentes trazidos por um grupo familiar ou moradores da mesma sanzala, bloco residencial, em época marcada pelo onipotente *quimbanda*. Na ilha, *ninguém pode empatar devoção*, diria um muxiluanda, singular de axiluanda.

Os recursos transformistas das sereias estão confusos em Angola. As notícias são variadas e, dadas a estrangeiro, vez por vez, pérfidas e intencionalmente falsas. Não vou esquecer-me da sentença de José Redinha, um mestre da etnografia de Angola: – *Investigar é, para o indígena, profanar*. Daí minha fervorosa admiração pelos viajantes antropologistas que tudo obtiveram dos pretos no plano mais secreto de suas crenças e exercícios religiosos. E o mais surpreendente, as respostas africanas eram concordantes com as conclusões anteriores desses antropologistas. Tudo segundo modelo pré-fixado...

Quianda é vista como pessoa humana, peixe grande e brilhante, sombra, ou unicamente a presença sensível mas invisível. Jamais como figuram Iemanjá no *pêji* dos candomblés da Bahia; mulher até a cintura, peixe da cinta para baixo, o *desinat in piscem mulier formosa superne*, de Horácio. As sereias angolanas são sempre pretas e as da Bahia sempre brancas, louras, olho azul, espantosa reversão inexplicável para os descendentes de africanos escravos que pintavam de escuro as imagens dos Santos católicos preferidos.

Na ilha afirmaram-me que Quianda não aparece com forma de animal da terra. As sereias do mato, Quituta e Quiximbi, podem assumir o aspecto de qualquer espécime da fauna regional, mas há um pormenor denunciando o sobrenatural. Será um animal morfologicamente igual aos de sua espécie mas existe uma irradiação misteriosa indicando a divindade selvagem.

As sereias facilitam a pescaria, levando os peixes às redes dos fiéis, ou afugentam o pescado, fazendo os pescadores regressarem com o barco vazio e faminto. Podem mantê-los com a produção normal ou enriquecê--los subitamente, guiando cardumes para as proximidades dos favoritos. Ou dar-lhes nevoeiros desnorteantes e chuvas perturbadoras. E também tonturas, calafrios, vertigens. Há amuletos evitando esses infortúnios.

Heli Chatelain ainda as fazia governar *over the water and is fond of great trees and of hilltops*.

Não há rastro de Mutacalombo no rumo desses júbilos ou desventuras.

As sereias angolanas não possuem a característica de suas irmãs mediterrâneas, *seiren*, a sedução maviosa, atração pelo canto irresistível. Não se apaixonam e casam com os mortais como as ondinas do Reno ou Mães-d'Água do Brasil. Surgem para receber festas e remergulham, desdenhosas, retomando a soberania nos seus distantes reinos encantados.

Antipatizando com um dos cônjuges, as crianças geradas sob seu influxo serão defeituosas ou anormais, determinando longo e paciente processo mágico de homenagens ajustadoras de proteção ou indiferença salvadora.

Na Bahia o "presente de Iemanjá" é uma instituição contemporânea que vai provocando imitações no Rio de Janeiro e no Recife. Edison Carneiro (*Religiões Negras*, Rio de Janeiro, 1936) informa, ágil, como sempre: "Na Bahia, Iemanjá mora no Dique, lago existente no Caminho do Rio Vermelho. Todos os anos, no dia 2 de fevereiro, os candomblés das circunvizinhanças levam-lhe presentes, quase sempre constituídos por leques, pós de arroz, fitas, sabonetes, pentes, frascos de perfume e, às vezes – conforme o testemunho de uma *feita* –, brilhantes e anéis de ouro. Manuel Querino dá ainda, como comum nos presentes à mãe-d'água, favas-brancas. Os negros embarcam em pequenos saveiros e vão jogar o presente no ponto em que as águas se encontram. Antigamente, para que Yemanjá aceitasse o presente, fazia-se necessário mergulhar. Ainda assim, se Yemanjá não aceitar o presente, ele não submergirá..."

Ana de Sousa Santos explica-me o "banquete a Kianda" em carta amável (Luanda, 10-VI-1964): "No banquete oferesim, Yêmanjá não aceitar o presente, ele não sumbergirá..." "*axiluanda* não participam do ágape. Os alimentos são colocados na *mesa* pela *kimbanda*, ou mais corretamente pela *maniy ia umbanda* (mãe do tratamento), e ficam inteiramente à disposição da Kianda. As sobras são lançadas ao mar ou então no local onde ela aparece com mais frequência. A parte que ficou nas panelas e que não foi utilizada, essa sim é que pode ser utilizada pelos ofertantes. Quero dizer, podem comer à vontade. Ainda há bem poucos anos os nossos axiluandas tinham o costume de tempos em tempos fazerem grandes oferendas a Kianda, de comidas e bebidas, as quais eram lançadas ao mar, bastante distante da costa. Era um ritual muito curioso, cujo fim era propiciar a Kianda, de modo que ela tornasse o mar mais dadivoso em peixe."

O *presente* de Iemanjá indica alto nível aculturativo na oferenda de elementos do aformoseamento feminino, quando Kianda recebia alimentos, na antiquíssima fórmula ritual.

De qualquer forma, eram votos propiciatórios à potestade do mar, invencível na imponente imensidão.

O Reino do Congo na Terra do Brasil

Cidade de São Salvador do Congo, capital do poderoso N'Goio! Debalde procura-se identificar, na pobreza monótona dessa aldeia melancólica, os vestígios de existência da rica e nobre, impetuosa e aguerrida corte de quarenta e nove soberanos, desde o Muêne-Muzinga-a-Cuum, o D. João I de 1491, até D. Antônio III, dos nossos dias, deixando o trono vazio...

Dormem alguns, entre árvores, nos escuros sepulcros derruídos.

"Ruínas que vão morrendo devagar", como diria Raul Bopp. Solidão que o crepúsculo ainda mais entristece de evocação e cisma. Na catedral, erguida nos fins do século XV, os negros e sólidos paredões recordam as eternamente desaparecidas cerimônias litúrgicas da Colegiada, criada em 1534. Resta uma porta de arcada, abrindo para um aposento pequenino, sem teto, atapetado de relva. Os filhos do Rei de Congo foram prelados. Em maio de 1518 o Bispo de Utica *in partibus*, e sob o Papa Leão X, o Bispo do Congo e de São Tomé, eram príncipes negros do Congo. Devia ter sido dada a bênção nessa Sé, feita de escombros. As vilas à margem do rio Cuanza, situadas antes de São Salvador, Muxima, na confluência do Lucala, Massangano, Dondo, perdidas no antigo esplendor econômico, ainda possuem movimento e vida, aspectos indiscutíveis de esperança, ânimo, obstinação em recomeçar. A capital do Congo é o reino do desânimo, do abandono apático, da resignação sinistra. Terra onde perpassa o verso de Lucano, olhando onde Troia existira: *Etiam periere ruinae*, as próprias ruínas pereceram...

Nesta morta Catedral oficiou um Bispo do Congo em 1597, setenta e nove anos antes do Rio de Janeiro ser cátedra episcopal, apenas quarenta e cinco depois do primeiro Bispo do Brasil.

O Rei de Angola, Ngola, em Luanda, era vassalo do Muêne Èkongo, Muêne-Congo, Manicongo, Rei do Congo, "irmão do Rei de Portugal". Em 1557 o Ngola solicitou ao Rei de Portugal tratamento igual ao Manicongo. O Rei concedeu mas os angolanos obtiveram sua autarquia lutando contra o antigo suserano do Zaire. Foi a vez do Congo pedir socorro aos portugueses. O Rei mandou Paulo Dias de Novais, não para acudir ao Manicongo mas para fundar em Angola um domínio lusitano. Não houve resistência. Em 1575 a Vila de São Paulo de Luanda estava fundada, com ritos de salva e festa pública. Construiu-se a fortaleza de São Miguel. Ngola e Manicongo eram vassalos.

Em 1641 o Congo auxiliou quanto pôde aos holandeses na conquista de Angola, aliados da Rainha Jinga. Em 1648, expulso o flamengo, pagou alta conta pelo atrevimento e prematuro autonomismo.

Sob administração batava o Manicongo e o conde do Sonho (Santo Antônio do Zaire), o mais poderoso súdito do Congo, desavieram-se. Enviaram ambos embaixadas ao Recife, levando protestos de fidelidades e lamentações pela conduta alheia, com elogio da própria. Ao Conde de Nassau, Governador do Brasil Holandês, mandaram 200 escravos e uma bacia de ouro, de presente. Os governadores holandeses de Angola (a parte portuguesa tinha sede em Massangano, no rio Cuanza) informaram que o governo lusitano local tramava a expulsão do Rei de Congo *dos seus Reinos*, e que era assunto assentado antes de 1641.

Gaspar Barléu informa-me no seu cronicão de 1647 ter Nassau presenteado ao Manicongo com "um manto comprido, todo de seda, com fímbrias de ouro e de prata, uma banda, um gibão de cetim, um chapéu de pele de castor, com um cordão entretecido de ouro e de prata. Acrescentou o Conde como dádiva sua um alfanje tauxiado de prata com o respectivo talim. Ao conde do Sonho foi oferecida uma cadeira estofada de cetim vermelho, com franjas de ouro e prata; um manto muito comprido de cetim variegado, uma túnica de veludo e também um chapéu de pele de castor". O rei do Congo e o Duque de Bamba voltaram a mandar embaixadores aos flamengos no Recife.

Barléu, com documentação coeva, descreve os embaixadores: "Eram eles de compleição robusta e sadia, rosto negro, muito ágeis de membros, que ungiam para maior facilidade de movimento. Vimos-lhes as danças originais, os saltos, os temíveis floreios de espada, o cintilar dos olhos simulando ira contra o inimigo. Vimos também a cena em que representavam o seu Rei sentado no sólio e testemunhando a majestade por um silêncio pertinaz. Depois vimos a cena dos embaixadores vindos do estrangeiro e adorando ao Rei, conforme o cerimonial usado entre suas nações, as suas posturas, a imitação das suas cortesias e mostras de acatamento, coisas que, para divertimento dos nossos, exibiam, um tanto alegres depois de beberem."

Barléu, nessa primeira metade do século XVII, informava: "O rei do Congo se ufana com estes títulos e denominações: Mani Congo por graça de Deus, rei do Congo, de Angola, Macamba, Ocanga, Cumba, Lula, Zuza; senhor do ducado de Buta, Suda, Bamba, de Amboíla e suas províncias, senhor do condado do Sonho, Angola e Cacongo e da monarquia dos Ambondaras e do grande e maravilhoso rio Zaire."

Várias vezes o Manicongo tentou sacudir o jugo colonizador. Em 1656 o rei D. Antônio Manimuluza declarou guerra ao Rei de Portugal e saiu a campo sendo derrotado por Diogo Gomes de Morales. Repetiu a tentativa dez anos depois, levando todos os seus fidalgos, mobilizando quase todos os homens válidos, numa desesperada batalha, 1º de janeiro de 1666, quando Luís Lopes de Sequeira esmagou-o em Ambuíla, e o próprio rei sucumbiu, degolado.

Vou olhar na pequena e linda igreja de Nossa Senhora de Nazaré, em Luanda, diante do mar, o azulejo consagrador desse milagre. Milagre porque Nossa Senhora ajudou aos portugueses contra D. Antônio Manimuluza.

Espero que a Divina Senhora atenda a súplica do pintor e poeta Neves e Sousa, no "Mahamba".

> Aqui te peço, Senhora de Nazaré
> que nos valestes na batalha de Ambuíla
> que conserves Luanda como é...

Detrás desse azulejo, à direita do altar-mor, deve estar a cabeça do Rei vencido, ali colocada com as homenagens majestáticas e reverentes, por ordem do então Governador André Vidal de Negreiros, brasileiro da Paraíba, minha vizinha ao sul.

O engenheiro arquiteto Fernando Batalha antecipou minha impressão desolada nessa aldeia, cidade defunta povoada de sombras: "A própria povoação é destituída de beleza ou de caráter, não possuindo sequer aquele ambiente evocativo que proclame as glórias e as grandezas passadas. Apenas pobres casebres, quase todos insignificantes e incaracterísticos, e mais uns tantos prédios modernos, de tão reduzido valor intrínseco e falta de caráter como aqueles."

É o que resta de Mbanja-a-Èkongo, M'Banza-Èkongo, Ambase, a capital famosa e sepultada no silêncio, cidade de São Salvador do Congo, capital do Distrito do Zaire, Província de Angola...

Como um veneno perturbador os elementos da etiqueta palaciana foram longamente inoculados nas almas dos Manicongos do Zaire. Os Reis de Portugal teimaram, durante séculos, nas ofertas embriagadoras, estandarte real, carta d'armas, brasões aos fidalgos, selos, timbres, capa magna, casaca bordada, cetro, coroa, baixelas de prata. O Manicongo acabou alucinado de orgulho, hiperbolismo verbal, distribuindo títulos estupefacientes aos familiares, elevados a ministros, camareiros e mordomos.

A declaração de guerra do Manicongo ao Rei de Portugal é uma obra-prima e basta o final que Luís Figueira divulgou (*África Banto*, Lisboa, 1938): "Dado, passado nesta corte do Congo, cidade de São Salvador, no tribunal do estrondo de guerra, perante os do Supremo Conselho, pelo Secretário Menor, D. Rafael Afonso de Ataíde, gentil-homem como cedro do monte Líbano, por mandado do Secretário Maior da Puridade, D. Calisto Sebastião Castelo Branco Lágrimas da Madalena ao pé da cruz do monte Calvário, aos 15 de julho de 1665. Assinado – REI – D. Geraldo Zilote Manuel Arrependimento de São Pedro no Côncavo da Terra, Justiça Maior. D. Cristóvão de Aragão dos Vieiras de Feliz Memória, Justiça Menor. Do Presidente D. Miguel Tércio Pelo de Três Altos para Borzeguins Que Cobrem os Pés del-Rei Meu Senhor!"

Alfredo de Sarmento (Os *Sertões d'África*, Lisboa, 1880) regista esse modesto preâmbulo num decreto: "REI, por Divina Graça, aumentador da conversão da Fé de Jesus Cristo, defensor dela nestas paragens da Etiópia, Rei do antiquíssimo Reino do Congo, Angola, Matamba, Veangá, Cundi, Lulha e Sonso, Senhor dos Ambundos e dos Matumbolas e de outros muitos Reinos e Senhorios a eles comarcãos d'aquém e d'além do mui espantosíssimo rio Zaire, suas margens e águas vertentes, de toda a costa do Mar Salgado e suas praias, etc."

A geografia do Rei incluía o Congo na Etiópia mas estava ortodoxa. Garcia de Resende, na *Miscelânea*, ainda em 1556, fazia correr em Portugal:

> O maior rei da Etiópia,
> de Manicongo chamado...

Nesse tempo o rio Nilo fazia barra no Atlântico, no Senegal. Havia as "Etiópias da Guiné".

O capitão Ivo de Cerqueira (*Vida Social Indígena na Colônia de Angola*, Lisboa, 1947) cita a relação sonora da nobiliarquia: "Duques de Bamba, de Sundi, de Bata, Conde do Sonho, 'de mais mando e poder que cada qual dos duques, e de sangue real do Congo', Marqueses de Pango, de Lijinga, de Ienzu, de Matari, de Soando, de Cuica." Há referência aos nobres marqueses de Zembo Ensilo, Sanga, Bena, Cundi, Canga, Lula,

Congo Amulaca, Pemba, Sembo, Lebita, Bumbi, Mussulo, Enzanga, Tiro, Quicuti, Quifuma, Quiba, Emensile, Engombe, Casinga, Engilada, Sunda. Eram o sangue azul no futuro almanaque de Gota, editável no Zaire.

Acabaram em Ambuíla, Alcácer Quibir desses *varões assinalados* do Congo.

Ninguém justificava minha emoção nesse Congo de 1963. Nem os meus amigos de Luanda. A curiosidade contribuinte e desdenhosa do turista não corresponde ao sentimento brasileiro de nordestino, nascido na região onde o Congo é uma presença sentimental, cantada, dançada, declamada, vivida na lúdica popular contemporânea.

A projeção permanente afirma-se no folclore do Brasil mantendo a realeza unicamente, no plano masculino, para o Rei de Congo. Rei negro será invariavelmente o Rei de Congo.

Jaime Griz registou, de um Maracatu pernambucano, o canto orgulhoso:

> Eu sou Rei! Rei! Rei!
> Rei do meu Reinado!
> Maracatu lá do Congo,
> Lá do Congo,
> Nele fui coroado!

Os sudaneses não determinaram essa impressão imponente, apesar das tradições dos reinos negros da região. Por todo o território banto a imagem ostensiva de majestade, severa, imperiosa, Rei coroado, supremo título subjugador, coube ao Congo, ao Manicongo, cuja sede, irradiante de todos os poderes, mergulha na noite nostálgica. N'África ocidental o que não era Guiné era Congo, pelo litoral, *Reyno de Maniconguo*, informava Duarte Pacheco Pereira (1506-1508).

Dos autos populares brasileiros, de inspiração negra, o CONGOS ou CONGADA é o que alcança maior área de expansão. Para ele convergem dezenas de motivos, cenas, sketches sucessivos encadeando enredo dramático, intercortado de bailados, cantos uníssonos e mesmo elementos históricos, fundidos na reminiscência confusa e saudosa dos escravos e de seus descendentes. Pelo Brasil inteiro, norte, centro, sul, as vozes infalíveis, cada ano no ciclo do Natal, ressuscitam o termário africano, coroação do Rei de Congo, Embaixadas, guerras, danças, glórias conquistadoras que o tempo não consegue murchar.

Já em 1674 coroavam no Recife, na igreja de Nossa Senhora do Rosário dos Homens Pretos, Antônio Carvalho e Ângela Ribeira, Rei e Rainha do Congo.

No meu *Dicionário do Folclore Brasileiro**, no verbete CONGADAS, CONGADOS, CONGOS, registei quanto pude obter e saber na espécie. Ainda boiam dezenas de vocábulos identificáveis como africanismos, adulterados mas legítimos.

Querendo-se amenizar o sofrimento do escravo pela permissão de festas privativas, reaparecendo o aparato das cortes negras, a escolha solene, o cerimonial da coroação no interior dos templos, convergiram, totalmente, para o Congo e seu distante soberano. Nenhum outro, na lembrança dos escravos, poderia competir e ocupar a dignidade semidivina, não sendo o Manicongo, o Rei do velho Congo, imortal nas memórias fiéis. Nem o Mandimansa de Mali, o Prestes João da Etiópia, o sultão de Monomotapa.

O ambiente brasileiro, normal e comum, era compreensivo e tolerante para os escravos consentindo-lhes as trovejantes noites de batuque, os *bailos*, formalmente proibidos pelas *Ordenações do Reino*, Livro V, Título LXX: "Que os escravos não vivam per si, e os negros não façam bailos", incluindo os pretos forros. D. Tomás José de Melo, Capitão General e Governador de Pernambuco, em ofício de 10 de novembro de 1796, autorizava-os *porque para eles é o maior gosto que podem ter em todos os dias de sua escravidão*. Esse clima favoreceu sobremaneira a manutenção das festas africanas, explicando como elas atravessaram os tempos. Defendeu a sobrevivência do Congo no Brasil.

A tradição n'África Oriental e Ocidental mantinha o fulgor de três Reinos extensos e prestigiosos; o do Prestes João, englobando Abissínia, Sudão, parte da Núbia; Monomotapa, na bacia do Zambeze no Índico, planalto dos Grandes Lagos, Kalahari, bacia do Limpopo; e Congo, abrangendo as terras dos antigos Congo Francês, Congo Belga, Congo português, compreendendo Cabinda, indo aos possíveis 3 000 000 de km². Os grandes reinos do oeste, reunidos pela espada e mantidos militarmente povos diversos de etnia e crença, jamais deram uma visão de unidade e permanência mas uma prolongada situação de posse guerreira. Seria exceção, pelo século XV e parte do imediato, o reino de Mali, da Gâmbia até o mar, cujo Mandimansa era considerado *ẽperador de todos estes reys e lhe seruẽ muy prosperamente*, escrevia Valentim Fernandes (1506-1510).

Para as populações às margens do Zaire o Manicongo era realmente uma força natural de mando, com suas alternativas de maior ou menor amplitude influencial, disputado pela concorrência dos chefes militares,

---

* Edição atual – 12. ed. São Paulo: Global, 2012. (N.E.)

duques, marqueses e condes, no século XVI, pelo modelo de Portugal. A coroa, nos derradeiros templos, cabia pela escolha dos Pares e a continuidade do novo soberano dependia da confirmação dos barões. Ainda em 1700 o duque de Bamba, o marquês de Pemba e o poderoso conde do Sonho (Sioh), atendendo à Carta-Régia de D. Pedro II de Portugal, elegeram rei do Congo a D. Pedro V, fundando a dinastia d'Água Rosada.

A menção do Congo não está no Brasil precisamente pelo envio da massa escrava durante anos ininterruptamente embarcada nos portos de Angola mas, essencial, na continuidade dos valores humanos que o homem *congo*, o *Pai Congo*, representou nos séculos de cativeiro e, depois de livre, na colaboração afetuosa no espírito popular. A existência funcional das CONGADAS é uma impressionante comprovação dessa vitalidade que encontrou no sentimento brasileiro os impulsos de conservação e repercussão positivas.

No baile do MOÇAMBIQUE afirma-se que São Benedito *já foi marinheiro e deixou Congada para nós congueiro na linha do Congo do moçambiqueiro* (Maria de Lourdes Borges Ribeiro, *A Dança do Moçambique*, São Paulo, 1959). Congo! Congo! Esses Reis e Rainhas eram escravos e apresentavam-se deslumbrantemente vestidos, cobertos de joias e cordões de ouro fino, empréstimos dos senhores e das sinhás brancas, algumas gratuitas e desveladas costureiras e modistas das damas de uma Corte de vinte e quatro horas existenciais.

Johann Emmanuel Pohl, em 1819, assiste em Traíras, Goiás, a festa de Santa Ifigênia, virgem preta da Etiópia, promovida pelos pretos; cavalgatas de "negros vestidos de uniformes portugueses", com os animais "ornados de campainhas e fitas", "sob constante troar de tambores, disparos de espingarda e o sonido de vários instrumentos nacionais do Congo", bandeiras, aclamações, num estrepitoso regozijo que contrariava a imagem triste daqueles foliões serem destituídos de qualquer capacidade jurídica. A ninguém, entretanto, ocorria a ideia de proibir-lhes a participação estrondosa ou diminuir os recursos para a espetacular indumentária de gala.

O motivo central dessas festas, além da louvação aos oragos, era uma exaltação às virtudes legítimas do africano na plena fruição do costume lúdico. Não há CONGADA, CONGADO, CONGOS, sem Rei, Rainha, secretários, corte acompanhante e vistosa, guarda de honra, armada, agressiva, vaidosa da missão decorativa. Trajes mirabolantes. *Enfeitado como um Rei de Congo!* Cadeira de espaldar. Umbela. Vênias. Fatalmente haverá uma escaramuça, embate de espadas, minutos de batalha ruidosa, entusiasmada, tumultuosa. Depois, comer e beber. E danças, sem que o Tempo seja fator ponderável no cômputo funcional da duração. África, *unser Afrika*, nossa África, como dizia Frobenius.

A voz de Camões:

> Ali o mui grande reino está de Congo!

Por que não havia de comover-me em São Salvador, Reino do Congo?

A Rainha Jinga no Brasil

*N*jinga Mbandi, Ngola Jinga, rainha dos Jingas, Dongo-Matamba em Angola, morreu há trezentos anos. Encontro-a viva, citada, contemporânea, de Cabinda a Benguela, de Luanda às terras de Lunda. Indicam-me os lugares onde viveu, caminhos percorridos, vestígios do seu pé tornados ilustres nas pedras de Pungo Andongo, Matamba onde residiu, Kifuangondo, no rio Bengo, que lhe deve a denominação. Lendas, anedotas, invenções consagradoras ressuscitam a velha soberana indomável, astuta, obstinada, opondo-se ao irresistível preamar dominador e branco.

Está, inarredável, na História de Angola e nos fastos da conquista portuguesa n'África ocidental. Fisionomia móbil, tenaz no desígnio de resistir, de salvar seu povo, governando-o como ele amava ser governado, com guerra, sangue e festa, em todas as ocasiões julgadas oportunas para combater, atirou seus pretos contra os canhões lusitanos. Rendeu-se várias vezes. Ficava serena, gentil, concordadora, até que brilhasse a hora da reação. Erguia o braço de comando e os batalhões negros atiravam-se contra os portugueses. Aquela onda angolana elevava-se, fremente de ódio, percutindo a rocha das Quinas, a espada d'El-Rei, sem evitar um momento, infalível, teimosa, infatigável, na insistência do heroísmo ineficaz. Nos derradeiros anos, exausta, doente, vencida, voltou a batizar-se, ouvindo os capuchinhos italianos, sonoros e gesticuladores. Morreu curvada, anciã veneranda, andando vagarosa, cabeça firme, olhos manhosos, inquietos, perscrutando a possibilidade de reacender a revolta e combater. Tinha 82 anos. Ninguém conseguiu esquecê-la, brancos, pretos, mestiços, estrangeiros, nativos. Está nos livros impressos e na literatura oral. Por onde passou foi deixando a impressionante marca de sua personalidade enérgica, invulgar, poderosa. Falam-me de sua pessoa como de uma entidade presente, encontrável, atual, numa menção incontida de evocação, um nome pronunciado pelos lábios de todas as classes, como nenhum outro no Reino de Angola.

Ainda possui enamorados, pesquisadores, poetas. Onde nasceu e onde morreu são perguntas-motivos de indagações pacientes. Não morreu em Luanda mas em Matamba, terras do reino perdido mas sabidamente, ainda hoje, sua propriedade. Sepultada no chão sagrado duma igreja desaparecida.

No século XVI, por misteriosa causa, desencadeia-se um movimento de povos fortes, emigrando de escudo no braço e lança na mão, derrubando Reis, queimando aldeias, esmagando exércitos, conquistando regiões; Galas na Etiópia, Zimbas em Moçambique, Sumbas na Serra Leoa, Jargas no Congo. Os Jargas apoderaram-se da Guiné ao centro de Angola. Serão denominados Ngolas e Jingas, nomes de seus grandes chefes que ficaram sendo apelidos coletivos, como os nossos Janduís, cariris do nordeste brasileiro no século XVII. A rainha Jinga é filha dessa gloriosa violência, preadora e fecunda. O rei de Matamba, Ngola-Zinga, sangue dos chefes jargas, é o pai de Ngola Bandi e de Ngola Jinga, a rainha dos Jingas, imortal.

O irmão Ngola Bandi herda o reino e Jinga vive à parte, amando o filho, único, vigiando seus pastores, guardada pelos guerreiros familiares. Ngola Bandi quer as terras da irmã e, para que não haja sucessão, manda matar o jovem sobrinho. Jinga recebe o cadáver. Abraça-o, muda, sinistra, e jura morte-por-morte. Vive num recanto escondido, Gabazo, longe do irmão truculento. Está reunindo um pequenino exército, na forma medieval dos vassalos contribuintes, pagos na solução divisória do saque, comum e próximo. Assalta fronteiras de Ngola Bandi, apoderando-se de gados, mulheres, rapazes, semeando prestígio ameaçador.

Ngola Bandi sonha com o território intacto, a jurisdição indivisa. Os portugueses estão avançando continuamente. As batalhas repetem-se furiosas e os portugueses fazem caminho através dos corpos inimigos, varridos pelas descargas. Ocupam Matamba, comandados por Luís Mendes de Vasconcelos, em 1618. O rei fugira deixando a família na mão do vencedor. São acordadas condições de pazes. Ngola Bandi recebe a família e olvida os compromissos. Recomeça a luta com ferocidade total. O governador D. João Correia de Souza dispôs um verdadeiro corpo militar e atacou com os rigores da técnica envolvedora, apossando-se dos lugares-chaves, de víveres, estradas-troncos, zonas de caça, aguadas. Ngola Bandi, refugiado no recesso dos sertões do Cuanza, recorreu à irmã, suplicando-lhe a intervenção inteligente. Jinga foi a Luanda, parlamentar. A embaixadora negra era invencível na graça feiticeira, na prontidão verbal e, como amavam os portugueses, de consciência hierárquica, sabendo portar-se como uma princesa real e não como uma bailarina em minuto de contorsão. Conquistou a todos. Receberam-na com salvas de artilharia e continências. Jinga fez-se batizar, com indispensável solenidade. Da mulher do governador, dona Ana de Menezes, tomou o "Ana" e, do marido, o "Souza" aristocrático. Ficou sendo Dona Ana Jinga de Souza. Horroroso e hábil. Foi em 1621. Ficou sendo Ana Nzinga Nbandi Ngola.

Na primeira audiência da princesa Jinga com o Governador de Angola, D. João Correia de Souza, ocorreu um episódio inverossímil e lindo. Havia uma única cadeira de espaldar para o Governador e uma almofada de seda sobre alcatifa para a embaixatriz. Jinga acena a uma escrava, fá-la ficar de gatinhas e senta-se no dorso, como numa poltrona, com a naturalidade fidalga do hábito. E assim expôs, debateu e argumentou, sentada nas costas da escrava imóvel. Quando terminou a audiência, deixou a sala, ficando a cativa na mesma posição. Perguntaram-lhe se esquecera a escrava. Respondeu Jinga que não costumava conduzir a cadeira utilizada em cerimônia de tal importância.

Mas *c'est plus beau que nature...* O assunto era bem literário e correu na Espanha do século XVI. No *Libro de Chistes*, de Luis de Pinedo, no *El Sobremesa y Alivio de Caminantes*, de Juan de Timoneda, 1563, conto--XXIX na primeira parte; no *La Floresta* de Melchor de Santa Cruz (1574) e numa comédia de Lopes de Vega (1562-1635), *El Honrado Hermano*. Nenhum, ecologicamente, lembrou-se do dorso escravo. Todos os exemplos mencionam uma capa luxuosa, assento abandonado orgulhosamente depois da conversação.

Sobre o tema publiquei no *Diário de Notícias* (Rio de Janeiro, 29-X--1944) um estudo sobre A POLTRONA DA RAINHA JINGA, mostrando interesse há vinte anos passados.

Conta Luis de Pinedo: "Dicen que un Embajador de Venecia, em presencia de la Reina Doña Isabel, y visto que no le daban silla, se desnudó la ropa rozagante que llevaba, y la puso en el suelo doblada y sentóse; y después que hubo negociado, se fué en cuerpo. La Reina envió um mozo de cámara que le diese la ropa. El Embajador respondió: 'Ya la Señoria no necesita de aquel escabel.' Y no quiso tomar la ropa."

A redação posterior de Juan de Timoneda assim relata: "Venido un embajador de Venecia a la corte del Gran Turco, dándole audiencia a él juntamente con otros muchos que había en su corte, mandó el Gran Turco que no diesen silla al embajador de Venecia, por cierto respecto. Entrados los embajadores, cada cual se sentó em su debido lugar. Viendo el veneciano que para él faltaba silla, quitóse una ropa de majestad que traía de brocado hasta el suelo, y asentóse encima de ella. Acabando todos de relatar sus embajadas, y hecho su debido acatamiento al Gran Turco, salióse el embajador veneciano, dejando su ropa en el suelo. A esto dijo el Gran Turco: 'Mira, cristiano, que te dejas tu ropa.' Respondió: 'Sepa tu, majestad, que los embajadores de Venecia acostumbran dejarse las sillas en que se asientan.'"

A informação de Melchor de Santa Cruz é assim: "Um escudero fué a negociar com el Duque de Alba, y como no le diesen silla, quitóse la capa, y asentóse en ella. El Duque le mandó dar silla. Dixo el Escudero: 'V. Señoría perdone mi mala crianza, que como estoy acostumbrado en mi casa de asentarme, desvanecióme la cabeza.' Como hubo negociado, salióse en cuerpo, sin cobijarse la capa. Trayéndosela um paje, le dixo: 'Servíos de ella, que a mi me ha servido de silla, y no quiero llevarla más a cuestas.'"

Lope de Vega, no *Honrado Hermano*, regista:

> *Curiacio*: – Vuelve, Horacio, fuerte.
> *Horacio*: – A qué?
> *Curiacio*: – Toma el manto.
> *Horacio*: – Para qué?
> *Curiacio*: – Pues, por qué le has de dejar?
> *Horacio*: – No me acostumbro llevar
> La silla en que me senté.

Todos escreveram antes de Jinga sentar-se na escrava. E os reis africanos usariam de cadeira em 1621? Interpolação literária ou fato verdadeiro?

Voltando a Matamba, cristã e simpatizada, Jinga reorganizou seus guerreiros e esperou a hora propícia. Ngola Bandi, refeito, reatacou impetuosamente e foi destroçado. Escapou-se para uma ilha perdida no rio Cuanza, acompanhado de raros fiéis. Ali o alcançou a vingança fraterna. Morreu envenenado.

Aclamada Rainha, Jinga atraiu o filho do morto, o sobrinho detestado. Recepcionou-o em Gabazo, alegremente, e apunhalou-o sem perder tempo, vingando o filho. Entregou o cadáver aos crocodilos. E os tambores ressoaram a noite inteira, jubilosos pelo êxito.

Instalou-se como uma soberana autêntica, na legitimidade de todas as tradições africanas, luxo, armas, festins, invasões de fronteiras, massacres de suspeitos, consolidação militar. Não eram assim os césares de Roma e os basileus de Bizâncio, Luís XI da França, D. João II de Portugal, Filipe II de Espanha? A tática ficou melhorada e tranquila. Não enfrentava o poder português em Angola mas os feudatários do governador. Ia roendo as raízes do domínio lusitano. Dongo teve o seu rei vencido e as ilhas de Queinalonga devastadas. O governador Fernão de Sousa interrompeu as manobras de Jinga, derrotando-lhes as tropas eufóricas de vinho de palma e ardor belicoso. Esmagou-as em Quilombo e na áspera jornada de Quina Grande dos Ganguelas. Aprisionou as duas irmãs, tão queridas da rainha, as damas Cambe e Funji, enviadas para Luanda e batizadas por Bárbara e Engrácia. Jinga desaparecera. Estava no leste, território dos Songos, Massongos, Bassongos, Cassongos, Tussongos, companheiros de aliança, oculta no labirinto do Luando e do Cuango. Até 1632 ficou em aparente tranquilidade. Recarregava as baterias. Em 1635 o governador Francisco de Vasconcelos da Cunha aquietou-a habilmente, mandando presentes, saudando-a como amiga. Jinga arredou seus guardas dos caminhos da circulação mercantil, não mais assaltou os comboios e conciliou-se com os sobas, maiores e menores. Sua fortaleza eram as pedras altas e negras de Pungo Andongo.

Era a hora da entrada holandesa. O holandês, senhor do norte do Brasil, mercado consumidor de escravos que Angola fornecia inesgotavelmente, desejava obter os mananciais da produção. O negro era a plantação do açúcar. Os navios artilhados da GEOCTROYERD WESTINDISCHE COMPANIE rumaram para Angola. Esse 1641 foi um ano de revolta. A rainha Jinga despertou, numa surpreendente agilidade aliciadora, mobilizando seus exércitos ao lado dos batavos. Não era portuguesa e nem católica. Era uma rainha africana, livre para escolher o seu senhor. O rei do Congo e o do Dongo trouxeram os aliados retintos e vociferantes. A posse holandesa de Luanda, dia de São Bartolomeu de 1641, quando todos os diabos se soltam dos infernos, foi um triunfo para Jinga. Passara unicamente de um para outro amo, armado de mosquete ao auxílio das adagas angolanas.

Gaspar Borges de Madureira ainda a derrotou, retomando-lhe a mana Bárbara, antiga Cambe. Nada mais pôde fazer. Jinga era uma convergência instintiva das forças insubmissas. É uma fase de razzias, saques, comandos depredadores, incêndios, destruição dos presídios de Portugal e dos régulos timidamente saudosos d'El-Rei, Senhor da Guiné. Madureira fuzilara dois mil negros, ajudados simbolicamente por cinco holandeses orientadores. Jinga voltou a ser a rainha senhora do seu reino, mandando, dançando, planejando, tendo as aclamações festivas quando passava pelas aldeias trovejantes de *elelenu*, o brado da saudação quimbunda. Hirta, senhorial, coberta de fios de latão e de prata, de miçangas e cauris, a carapinha endurecida de argila vermelha e branca, dezenas de jarreteiras, ligas maciças, braçaletes, colares, placas douradas, erguia o braço magro e lento agradecendo as manifestações do seu povo delirante, Boadiceia de ébano, num final melancólico da autonomia africana.

Salvador Correia de Sá e Benevides apareceu com a esquadra para reforçar a resistência incomparável dos portugueses em Massangano. Provoca a fortuna, bombardeando Luanda e tomando-a a 15 de agosto de 1648, Assunção de Nossa Senhora. Na véspera, em 1385, fora Aljubarrota.

Jinga nada mais poderia realizar. A reação portuguesa caiu, fulminante, sobre os colaboradores da posse holandesa. Congo, Dungo, Matamba, perdem terras, gados e homens, direitos e garantias, prerrogativas e liberdades das usanças velhas. São zonas de influência, policiadas, vigiadas, com atenção cautelosa. Do alto sertão, enviou sua mensagem submissa. Aceitaram como a uma fórmula aliviadora. Apenas tomaram as precauções, evitando uma surpresa sangrenta da velha rainha destemerosa.

Ficou uns tempos em Luanda, para ela cidade estranha. Voltou para as terras distantes, para o mato querido, a palhota que era palácio aos olhos dos derradeiros soldados de suas arrancadas.

Nascera, provavelmente, em 1581. Em 1657 converteu-se novamente ao catolicismo. Restituíram-lhe algumas posses. Jinga possuía a terra e as vidas que quisesse. Os negros eram apenas usufrutuários.

Faleceu a 17 de dezembro de 1663.

É a única soberana de toda a África que, sem jamais saber da existência do Brasil, continua na memória brasileira, íntegra, feroz, na autenticidade do tipo voluntarioso, decisivo, legítimo, com a majestade da voz e da vontade ilimitadas e objetivas. Perpassam nos autos nomes que não materializam corpos reais de ação e de energia. Jinga vive.

Comparecia nos préstitos oficiais e votivos. Em junho de 1818 von Martius assistiu no Tijuco, Diamantina, Minas Gerais, o cerimonial pela aclamação do rei D. João VI, descrevendo-o na *Viagem pelo Brasil*: "É costume dos negros do Brasil nomearem todos os anos um rei e sua corte. Esse rei não tem prestígio algum político nem civil sobre os seus companheiros de cor; goza apenas da dignidade vaga, tal como o rei da fava, no dia de Reis na Europa, razão por que o governo luso-brasileiro não põe dificuldade alguma a essa formalidade sem significação. Pela votação geral, foram nomeados o REI CONGO e a RAINHA XINGA, diversos príncipes e princesas, com seis *mafucas* (camareiros e camareiras), e dirigiram-se em procissão à igreja dos pretos. Negros, levando o estandarte, abriam o préstito; seguiam-se outros levando as imagens do Salvador, de São Francisco, da Mãe de Deus, todas pintadas de preto; vinha depois a banda de música dos pretos, com capinhas vermelhas e roxas, todas rotas, enfeitadas com grandes penas de avestruz, anunciando o regozijo, ao som de pandeiros e chocalhos, do ruidoso canzá e da chorosa marimba; marchava à frente um negro de máscara preta, como mordomo, de sabre em punho; depois, os príncipes e princesas, cujas caudas eram levadas por pajens de ambos os sexos; o Rei e a Rainha do ano antecedente, ainda com cetro e coroa e, finalmente, o real par, recém-escolhido, enfeitado com diamantes, pérolas, moedas e preciosidades de toda espécie, que haviam pedido emprestado para essa festa; a rabadilha do séquito era composta de gente preta, levando círios ou bastões forrados de papel prateado."

Nos CONGOS ou CONGADAS pelo nordeste do Brasil aparece seu nome soberano, dispondo das vidas, determinando guerras, vencendo sempre. Reaparece lembrando, não as campanhas contra os portugueses mas as excursões militares aos sobatos vizinhos, régulos do Congo, Cariongo em Ambaca. Conste ou não da História, *Penélope sombria*, constará sempre de uma estória vulgar nas cantigas brasileiras contemporâneas, no enredo dos CONGOS:

> Mandou matar Rei Meu senhor!
> E quem mandou foi Rainha Jinga!

E mesmo a citação vaidosa da mulher guerreira, no coro de um bailado:

> Rainha Jinga é mulher de batalha,
> Tem duas cadeiras arredor de navalha!

E a declamação: "Senhora Rainha Jinga, mulher de Camumbira, de Moxaritatiguári, senhora Dona Flor de Cambange que passeia em terras de gentes Guinés e faz anos que não vem cá!"

O Embaixador, expressão maior no alto dos CONGOS, é um enviado da Rainha Jinga. Essa não aparece. Ninguém a vê. Sente-se o poder, a força, o domínio implacável. Os demais personagens dos CONGOS, Henrique Rei Cariongo, o Príncipe Sueno, Suana, Suana Mulopo, um dos herdeiros do Muata-Cazembre, Imperador dos Lundas, Suana-Murôpe, segundo o major Gamito, são inferiores, derrotados, arruinados, aprisionados. Só a Rainha Jinga conserva a plenitude dominadora, incontestável, indiscutível.

Os escravos idos de Angola levaram a odisseia tempestuosa da rainha negra de Matamba. Todo o século XVIII brasileiro exigiu a mão escrava de sudaneses e bantos para a mineração, catas de diamantes e alargamento de canaviais. Os governos de D. João V, D. José e D. Maria I tiveram o Brasil como uma grande fonte produtiva. Com D. João V o ouro. Com D. José as matérias-primas, companhias de comércio. Com D. Maria I o mercado consumidor e exportador, suprindo em espécie e moeda o tão amargurado sonho da Índia Portuguesa. Para todo esse mundo, o Brasil no seu contorno territorial presente, o escravo era indispensável. Vieram aos milhões. Notadamente de Angola, fornecedora e geograficamente entreposto de embarque das *peças*.

Em cada navio, invisível e lógica, embarcava a Rainha Jinga...

O Papagaio-Cinzento de Cabinda

*E*m Cabinda vi pela primeira vez o papagaio-cinzento, de cauda vermelha, o "jaco", *Psittacus erythacus*, espalhado pela África equatorial, desde Senegâmbia. Era esse, e afins d'África setentrional e oriental, que reproduzia a voz humana para os elegantes de Roma, dando assuntos e versos, vivando Júlio César de Marco Antônio, o *psittacus, a vobis aliorum nomina discam*, dos epigramas de Martial (XIV, LXXIII), presenteado nas apoforetas, "festas" do ano-novo, *étrennes*, às damas galantes do Império.

É verdade que a anedota dos dois papagaios aclamando os possíveis vencedores de Actium, Marco Antônio e Júlio César, regista Macróbio (*Saturnália*, II, 4) como sendo dois corvos, *Corve salutator*.

Eram papagaios indianos ou africanos os enviados para Roma? O nome será árabe, *babbaghá*, mas diziam os romanos apenas *psittacus*.

O meu papagaio-cinzento de Cabinda parece-me o velho papagaio do Brasil, pelo volume e feitio, vestido de outro modo, faltando-lhe o verde flamante e o ouro vivo na gorjeira. O bico adunco e agressivo, os olhos redondos, pequeninos e duros, são os mesmos. Dá-me vontade de obrigá-lo a mudar de traje, retomando as cores nacionais em que me habituei a vê-lo. Creio ser um papagaio disfarçado e falso, olhando-me no mercado de Cabinda, naquela manhã ardente de abril. Fico pensando nos versos de um coreto de Minas Gerais:

> Papagaio verdadeiro,
> Até na cor é brasileiro!
> Até na cor, até na cor,
> Até na cor é brasileiro!

Este, pelas mostras de fora, não é patriota como o mencionado na cantiga de saudar e beber de Minas Gerais. Orgulhosamente impõe reminiscências eruditas e mesmo demonstra haver atingido a Europa em primeiro plano, palrando nos paços reais e nas salas nobres. O outro, meu verde patrício continental, apareceu no século XVI. Este é um descendente do que pousava na mão da bela senhora que o Rei D. Diniz cantou (*Cancioneiro*, 86, ed. Caetano Lopes de Moura):

> Ela tragia na mão
> Hu papagay mui fremoso,
> Cantando muy saboroso,
> Ca entrava o verão...

Os psitacídeos brasileiros, parauá, curica, maitaca, ué, uanaçá, turu, anacá, etc., sempre foram amigos íntimos e parasitários das malocas amerabas, mantidos pela curiosidade indígena, falando e comendo no tempo e no espaço.

Não há, que saiba, nenhuma estória brasileira, anterior ao século XVI, ressaltando o papagaio verde e amarelo, ornamental e sedutor em sua ruidosa inutilidade simpática.

Há, divulgado pela voz eterna de Humboldt, o episódio do papagaio dos Aturés, repetindo no silêncio das aldeias desertas a musicalidade do idioma extinto de que era a derradeira memória, inconsciente e teimosa. Mas os Aturés eram de Maipure, no alto Orinoco, perseguidos pelos Caraíbas, na Venezuela.

Todos os lindos contos que circulam em nossa literatura oral, flores de longínquas e seculares raízes temáticas da Índia, da Pérsia, da transmissão árabe, teriam gravitado ao derredor do papagaio-cinzento, de rabo rubro, este que estou olhando em Cabinda, e não o nosso, *brasileiro até na cor*.

O "Príncipe do Limo Verde", tão bonita estória que Sílvio Romero recolheu, contavam-na na Europa, quatrocentos anos antes do Brasil existir.

Ele é o centro dos motivos no *Livro do Papagaio*, a coleção de contos persas, o *Tuti Nameh*, vulgar na primeira metade do século XIV, dado como de autoria de Ziay-Ed-Din-Nakhchabi, mais conhecida na redação simplificadora de Mohammed Qaderi, no século XVII. E os papagaios, personagens do *Mil e Uma Noites*, não eram verdes mas cinzentos.

De Portugal viera a matéria-prima e popular das narrativas, pouco a pouco coloridas no ambiente local. Resta-nos, entre os ditos primitivos, o "Papagaio-Real para Portugal", não apenas presença do uso romano das aves saudarem os soberanos mas também imperativo reinol de domínio, indignando frei Vicente do Salvador, na sua *História do Brasil*, terminada em 1627: *Papagaio-real para Portugal, porque tudo querem para lá!*

O papagaio verde encantou a Europa e foi, com os toros do pau-brasil, o grande produto exportado, tanto e tanto que denominou a terra ainda cartograficamente ilha, como a INSULA PAPAGALORUM e inda em 1520 (no globo de Schöne, o AMERICA VEL BRASILIA SIVE PAPAGALLI TERRA).

O encontro dos papagaios brasileiros espalhara-se como irresistível feitiço tropical. Domenico Pisani di Giovanni, na carta de 27 de julho de 1501 para Veneza, noticiando o regresso de Pedro Álvares Cabral da Índia, informava, caracterizante: *hanno descoperto uma terra nuova chiamano la terra de li Papagá, per esser il Papagá longi uno brazo et più, de vari colori...*

Da indispensabilidade papagaia como adorno basta recordar que Pedro Álvares Cabral levava um deles, de cor parda, na câmara de comando, caminho das Índias. Mochos para Minerva. Na visita dos tupiniquins de Porto Seguro à nau almiranta, regista o fiel Pero Vaz de Caminha ao anoitecer da sexta-feira, 24 de abril de 1500: *Mostraram-lhes um papagaio pardo que o Capitão traz consigo; tomaram-no logo na mão e acenaram para a terra, como quem diz que os havia ali.*

Identificavam a família pela visão do parente.

Já em Atenas, repercussão da Índia, o papagaio funcionava como intermediário de amores. Essa utilidade emigrou, na literatura oral, para o Brasil, adaptando-se aos tipos nacionais:

> Papagaio louro,
> Do bico dourado,
> Leva esta carta
> Ao meu namorado.
> Ele não é frade
> Nem homem casado.
> É rapaz solteiro,
> Lindo como cravo.

Era bem brasileiro o papagaio enviado por D. João III ao Imperador Carlos V e que silenciou na Espanha até ver um português, com quem desabafou: *João Fernandes, não me entendo com esta gente!* (Diogo Fernandes Ferreira, *Arte na Caça de Altanaria*, Lisboa, 1616.)

No Brasil é a mais popular das aves como elemento anedótico. Não é crível existir um brasileiro sem saber contar uma estória de papagaio. Essa supervalorização preferencial datará deste século em sua projeção inflacionária. O papagaio simboliza o Zé Brasileiro ou, mais legitimamente, o Zé Carioca, malandro, astuto, indolente, manhoso, aproveitador de oportunidades, inesgotável de respostas, imediato na solução útil e sempre pessoal, mas hábil, cauteloso, cortejador, invencível e simpático.

Tanto entre os africanos como no continente ameríndio os papagaios de outrora não determinaram um ciclo de estórias, como outros animais, coelhos, onças, jabutis, leões, elefantes, aranhas, macacos, a rã, o chacal, o antílope. Nem na inacabável tradição oral na Índia. Vive a menção nas cidades e maiores aglomerados urbanos do que no mundo rural.

A espantosa coleção de anedotas de papagaio, acentuadamente satírica e pornográfica, é mais ou menos recente e de criação citadina. É quanto verificamos no Brasil. Merecedoras de compêndio e anotação, não são encontráveis pela África branca ou negra. Nem na Europa contemporânea. O papagaio e o macaco, poderosos centros de interesse popular brasileiro, não possuem o mesmo prestígio n'África. Não se podem comparar ao coelho, à tartaruga, à aranha, à rã. Ao gato e à raposa na Europa, por influência da Índia. Quando o papagaio, o cinzento, figura num dos *contos de encantamento*, a origem é normalmente a Índia em sua velocidade inicial, via árabes ou persas. Daí, dessa insistência, talvez o árabe *babagá* provir do sânscrito *pipâcá*. Creio, mais logicamente, o papagaio falador ter sido mercadoria venal para o árabe, traficante inarredável do Oceano Índico, e natural padrinho da ave.

Esse papagaio d'Angola fora mercadoria comum no tráfico d'África ocidental para o nordeste do Brasil, quando existiu navegação direta entre os dois litorais. Zacharias Wagener encontrava-o popular no Recife, de 1634 a 1641, enquanto lá residiu, secretário do governador conde de Nassau. O papagaio-cinzento, *graue Papageien*, vindo de Angola, Guiné, Cabo Verde, não falava tão bem como os papagaios verdes, nativos, *nicht so gut sprechen wie die hiesigen grünen Papageien* (Zoobiblion, São Paulo, 1964).

A interrupção do mercado de escravos fez cessar a exportação do papagaio africano, naturalmente pouco concorrente aos verdes, dominadores pela fácil e apreciada loquela.

DO NEGRO E DO PRETO

*R*aramente ouço alguém, nestas Províncias Ultramarinas, dizer *negro* mas quase sempre *preto*. O mesmo em Portugal.

No Brasil é justamente ao contrário. Muito mais dito o *negro* do que o *preto*.

O capitão André Álvares d'Almada, nas últimas décadas do século XVI, viajando pela Guiné, registava: "Tornando a estes Falupos, que habitam nesta terra de 12 graus, ao longo do mar, são *negros pretos* – chamo *preto muito negros*" (*Tratado Breve dos Rios da Guiné*, 1594).

Antes dele, Valentim Fernandes (1506-1510) escreve invariavelmente *negros*: "Ho primeyro ryo dos Negros q parte os Azenegues... Huũ Negro trusimã... Estes Senhores Negros..." E semelhantemente Duarte Pacheco Pereira (1506-1508): "Escravos *negros* de Jalofo e de Mandigũa... as gentes que nestas Etiópias abitam sam *negros*... no rio de Çanagá sam os primeiros *negros*".

Era o modelo de Gomes Eanes de Zurara (*Crônica dos Feitos de Guiné*, LX): "E esta gente desta terra verde, é toda *negra*, e porém é chamada *terra dos Negros*, ou terra de Guinee, por cujo aazo os homeẽs e molheres della som chamados Guineus, que quer tanto dizer como *negros*". Seria a nominação regular dos alvarás referentes ao *trato e terra de Guiné*, *peças de escravos de Guiné, gentio de Guiné*, forma comum na correspondência dos jesuítas no Brasil do século XVI e também *negros*. Os indígenas eram *negros da terra* nas Cartas e Ânuas da Companhia de Jesus, servindo no Brasil. O negro, comumente, era o *guiné*, falando *guiné*. É a lição de Gil Vicente:

> Bem vi eu que *o guinéu*
> Me viu tudo aqui leixar. (*Clérigo da Beira*, 1526.)
> Mas a mi *fala guiné*. (*Frágoa d'Amor*, 1525.)

Na imagem instintiva de uma unidade morfológica:

> Qui tan parecidos son
> Como Mandinga e Guinéa.
>
> (*Templo d'Apolo*, 1526.)

Depois passaram a denominar-se pela terra os nativos de outras regiões, um *congo*, um *angola*, um *Moçambique*, Alexandre Angiquo, Manoel Congo, Manoel Cabo Verde. No extenso e minucioso *Livro de Contas do Engenho Sergipe do Conde* (1622-1653), no Recôncavo da Bahia, administrado pelos jesuítas, não se depara uma única menção de *preto* mas inalteravelmente *negro*, "negros doentes, negros fugidos, negra que morreu, para os negros da levada", etc. Documento expressivo é este registo de compra de escravos para o Engenho do Conde em 1644:

Por 12 pesas de guine em q emtraram alguns crioulos ladinos comprados a Dioguo de araguão ..... 494$000.
Por des pecas cabos Verdes compradas a Dioguo da Serra por ..... 442$000.
Por sinco pecas cabos Verdes por ..... 195$000.
Por um moleque por nome francisco custou ..... 28$000.
Por um mulato Jorge custou ..... 26$000.
Por hu negro P.º (Pedro) comprado a João Peixoto Vieguas ..... 40$000.
Por outro negro Pedro comprado a Ant.º glz gorogoai ..... 30$000.
Por hu negro juzph comprado a miguel frz purgador ..... 60$000.
Por hu negro comprado a gpar pra (Gaspar Pereira) Sarralheiro ..... 60$000.
Por uma negra maria comprada a Ant.º da mota ..... 40$000.
Por hu moleque por nome manoel ..... 29$000.
Por hu moleque por nome Antonio Cabo verde ..... 27$000.

Em 1645 há uma nota elucidativa: "Por 16 pessas de angola negros e negras crioullos pequenos e grandes a 41:000 cada hum ..... 656$000."

Havia algum sentido pejorativo em *negro* e intenção carinhosa no *preto*? Pelo Brasil e América Latina *negro, meu negro, negrinho, mi negra*, são palavras afetuosas e mesmo empregadas por quem não é preto. O Imperador D. Pedro I assinava-se *seu negrinho* em cartas para a marquesa de Santos. José Bonifácio, exilado em Bordeaux, dizia-se para um amigo em 1829 *seu muleque*. Canta-se no Chile:

> En la plaza andan vendiendo
> Ramillitos de a peso;
> Le he de comprar a *mi negro*
> Será mi gusto... e por eso!

Conheci em 1922 o embaixador Bernardes, do Uruguai, de alta simpatia e melhor inteligência. As duas filhas, *muy guapas y lindas*, tinham nome de *Gringa* e *Negra*. Eram duas princesinhas de elegância e graça.

O Padre Antônio Brásio, S. Sp. (*Os Pretos em Portugal*, Lisboa, 1944), distingue o tratamento: "Nós preferimos *preto*, mais simpático, pois *negro* é sinônimo de *escravo*, termo injurioso."

Pelo Brasil a provocação depende do timbre, na entonação e ausência do possessivo. *Negro!* é agressivo. *Meu negro!* é um afago.

Respondiam: Sou negro mas não sou da sua cozinha! Branco é quem bem procede. Negro na cor, branco nas ações. Negro por fora, homem por dentro!

Era velho de milênio o *niger, nigra, nigrum*, antes que nascesse o *preto* n'algumas línguas neolatinas. E se vem o *preto* de *apertar*, ajude-me Menéndez Pelayo para responder que *yo en esto ni entro ni salgo, y buena pedantería fuera en un profano tener opinión en semejantes cosas.*

O *negro* denominou a epiderme *dos povos a quem nega o filho de Climene a cor do dia* vivo na literatura latina, e batizador do Níger, rio imenso. É o nome que apresenta as populações reveladas pelas conquistas à História: "Raça negra como a da Guiné" e, falando da ilha de Moçambique, *a dura Moçambique*, Damião de Góis informa: "hos naturaes são negros assi hos da ilha quomo da terra firme." E todos os cronistas usam e abusam do qualificativo.

Mas seria o *preto* circulante no idioma quando o aumentativo servirá a Luís de Camões para a euforia lírica à índia Bárbara, negra amorosa e escrava a quem a neve desejaria permuta:

> Pretidão de Amor,
> tão doce a figura,
> que a neve lhe jura
> que trocara a cor.

Gil Vicente não escreve o *preto* mas suas personagens se anunciam como sendo *hum negro* (*Frágoa d'Amor*, 1525, *Clérigo da Beira*, 1526), *hum Negro de Beni* (*Nau d'Amores*, 1527), que se afirma nobre:

> a mi firaldo tambem,
> Fio sae do Rei Bení,
> a quarenta que ele tem
> a masa firalgo he mi.

Seria, evidentemente, *negro* e não *preto*, o nome vindo à voz do português *in illo tempore*. Em maio de 1963 conheci no Biombo, Guiné, uma bijagó chamada "Preta da Silva", casada com um Fula. O filho era "Saliato Galiça".

A fundação das Irmandades de Nossa Senhora do Rosário dos Homens "Pretos" valoriza no Brasil o novo apelido, divulgado nos finais do século XVII. Desta centúria é a criação dos REGIMENTOS CAÇADORES HENRIQUES em honra do Mestre de Campo Henrique Dias, negro que se celebrizara na campanha contra o domínio holandês (1645-1654). "Como nessa campanha Henrique Dias se tivesse coberto de glória à frente de seu terço de pretos, durante mais ou menos dois séculos existiu no Exército do Brasil uma formosa tradição: terços e, depois, regimentos, em Pernambuco, na Bahia, no Rio de Janeiro, em Minas Gerais, de caçadores a pé das milícias, com fardas brancas paramentadas de vermelho, compostos unicamente de negros e intitulados Henriques ou Caçadores-Henriques. Essa tradição infelizmente desapareceu", ensina Gustavo Barroso (*História Militar do Brasil*, Brasiliana-XLIX, São Paulo, 1935).

Já em 1633 o Padre Antônio Vieira pregava numa Irmandade dos "Pretos" na Bahia.

Desde o século XV o negro foi enviado a Portugal. Não o empregaram nas indústrias ou trabalho rotineiro dos campos onde havia o suficiente e a herança orgulhosa e legítima do lavrador, no amanho direto da terra, a dinastia de camponeses, forças básicas, entidade infelizmente ausente no Brasil onde o braço escravo arredou a colaboração do homem branco, aviltando a missão rural, fazendo-a inseparável do labor africano, cativo ou assalariado. O negro em Portugal adensou-se nas cidades para o serviço doméstico. Outra parte, em menor percentagem, dedicou-se aos afazeres urbanos, carregadores, vendedores ambulantes, caiadores, ferreiros, auxiliares de construções, etc. Em 1516 Garcia de Resende denuncia a incessante preamar:

> Veemos no reyno metter
> tantos captiuos crescer
> & yrem se hos naturaes
> que se assi for, seram mais
> elles que nos, a meu veer.

Nicolau Clenardo, sacerdote flamengo que foi professor em Coimbra, informava em março de 1535: "Os escravos pululam por toda parte. Todo o serviço é feito por negros e mouros cativos. Portugal está a abarrotar com essa raça de gente. Estou em crer que em Lisboa os escravos e as escravas são mais que os portugueses livres de condição."

Era a impressão dos viajantes estrangeiros visitando o Rio de Janeiro ou a cidade do Salvador na Bahia, nas primeiras décadas do século XIX.

Von Martius, em junho de 1817, chegando à capital do Reino do Brasil, sentiu estar *numa parte estranha do mundo* pela "turba variegada de negros e mulatos, a classe operária com que ele topa por toda parte, assim que põe o pé em terra". Ainda em novembro de 1858 o médico alemão Avé-Lallemant registava: "Se não se soubesse que ela (a Bahia) fica no Brasil, poder-se-ia tomá-la, sem muita imaginação, por uma capital africana, residência de poderoso príncipe negro, na qual passa inteiramente despercebida uma população de forasteiros brancos puros. Tudo parece negro: negros na praia, negros na cidade, negros na parte baixa, negros nos bairros altos. Tudo que corre, grita, trabalha, tudo que transporta e carrega é negro; até os cavalos dos carros na Bahia são negros. A mim pelo menos pareceu que o inevitável meio de condução da Bahia, as cadeirinhas, eram como cabriolés nos quais os negros faziam as vezes de cavalos."

Profetizavam uma civilização de mestiços, uma experiência de aclimatação cultural negra na América do Sul, como deduzia, em 1911, Sir James Bryce, para apenas evocar contemporâneos sociólogos; Lapouge que nos indicava para realizar uma réplica do Haiti; Waldo Frank para quem a verdadeira cultura brasileira só podia ser criada pelos pretos e mesmo um Ministro da França no Império, o conde Alexis de Guigard Saint Priest, residente no Rio de Janeiro em 1833-1834, autor da sentença: *Tout brésilien est, plus ou moins, sang mêlé. Le Brésil est une monarchie mulâtre.* Tais foram os sábios diagnósticos.

Como o português não isolou, não enquistou, não fixou o preto, esse sentiu-se brasileiro, indo buscar mulher e ganho onde quisesse, multiplicando as esculturas em chocolate e sapoti, cortando-o sangue, clareando--o-amor, dispersando-se nas gradações do pigmento. O saudoso Jorge de Lima expôs excelentemente esse assunto no seu *Rassenbildung und Rassenpolitik in Brasilien* (Leipzig, 1934).

O norte-americano imobilizou seus 17 000 000 de negros, represados, não pela legislação mais a mais igualitária e humana, mas pela invencível repulsa psicológica dos brancos. A batalha é pela atualização democrática na mentalidade de milhões e milhões de *yankees*, instintivamente arredios do *colored people*. Desde o século XVI o português, fecundando negras e indígenas, anulou esse problema na relação futura de suas dificuldades sociais. Não o teve. Não o temos.

Um verso popular, colhido por Tomás Pires no Alentejo, é pregão de fraternidade:

> Anda cá, meu todo preto,
> Meu torradinho de sol.
> Quanto mais preto, mais firme,
> Quando mais firme, melhor!

D. Francisco Manoel de Melo, que esteve exilado na Bahia, deixou manuscrito, inédito e perdido, sobre *O Brasil, Inferno dos Negros,*

Purgatório dos Brancos, Paraíso dos Mulatos! Sem a indispensável concordância do Inferno com o Purgatório, seria impossível aquele Paraíso, milagre dos trópicos, que o português possibilitou.

Esse instinto ecumênico o povo possuiu e defendeu contra a Ciência, sonhando esta um Santo Ofício, evitador do *melting-pot*.

No Brasil o negro aproximava-se do branco pela ponte econômica. Ganhava os postos, engenhos de açúcar, fazendas de gado, comércio, casando com sinhá-moça, *branquejando o couro*. Henry Koster em 1810 perguntava se um determinado Capitão-Mor, pernambucano de pele fusca, era mulato. Ouviu a resposta tranquila: *Era, porém já não é!* O poder administrativo atuava como fórmula arianizante. *He was, but is not now! Can a Capitam-Mor be a mulatto man?*

A participação familiar dos negros e negras na intimidade doméstica, fâmulos, amas de leite, mãe de criação, a clássica Mãe Preta inarredável (também tive a minha, Joana de Modesto, falecida com mais de cem anos), recadeiros e confidentes, guarda-costas e compadres, foi no Brasil elemento de consolidação permanente e poderoso para a unidade social. Por esse mesmo motivo o negro no sul dos Estados Unidos, *Down South, Old South*, o negro das plantações de algodão, do banjo, produzindo *Uncle Remus, His Songs and His Sayings*, inspirando as melodias de Stephen Foster, *Old Black Joe, Away Down South*, os coros nos pátios das *Big Houses* e na proa dos *steamboats* do Mississippi, atravessa sentimentalmente *the apartness*, fazendo-se presente e vivo no patrimônio das recordações:

> Gone are the days when my heart was young and gay
> Gone are my friends from the cotton-fields a-way?

A influência envolvente e sedutora é uma irradiação inesgotável do negro de casa, na vassalagem cotidiana, e não do negro do eito, trabalhador braçal, morador nas senzalas. Quanto exista no folclore brasileiro de origem africana teve seus fundamentos radiculares nas vozes mansas das negras mucamas, dos velhos negros da cozinha e mandado, aposentados e fiéis, dando os *tios* e os *pais* a quem todos nós pedíamos a bênção, Pai João, Pai Congo, Tio Angola, Papai André, filho de preto guiné, Paulo Africano, cabinda puro, instalador dos batuques, ditos *zambês*, em Natal de 1900. As estórias têm essa fonte e os ritmos dos sambas revelam Angola, Congo, Cabinda, Guiné, nos bamboleios ensaiados no terreiro, pelas *crias*, sob o olhar senhorial e cúpido.

Em Portugal negros e negras não se separavam do séquito das casas-nobres. O preto vestido com as cores heráldicas da família era uma ostentação lógica. Ainda em novembro de 1787, sob D. Maria I, William Beckford via no teatro do Salitre, em Lisboa, as negrinhas africanas, falando a linguagem nativa, acompanhando as damas e assistindo a função nos camarotes aristocráticos. "O grande tom agora, na Corte, é andar rodeado de favoritas africanas, tanto mais estimadas quanto mais hediondas, e enfeitá-las o mais ricamente possível. Foi a Rainha que deu o exemplo, e na Família Real andam à competência em presentear e festejar Dona Rosa, a negra, beiçuda, e desnarigada valida de Sua Majestade", ironizava o senhor de Fonthill, neto do lord Chatham e futuro sogro do Duque de Hamilton.

Tentou-se explicar a impressão de subalternidade do preto ante o branco por uma fórmula verbal, um contranome. "Valendo dez pretos um real branco como ora valem", informava frei Joaquim de Santa Rosa em Viterbo em 1798. Distância entre as moedas de cobre e de prata onde seria encontrada alusão às diversidades da coloração pigmentar. O poeta Domingos Caldas Barbosa (1738-1800), mulato, saudou seu colega branco e homônimo, Antônio Pereira de Sousa Caldas (1762-1814), com a quadrinha famosa:

> Tu és Caldas, eu sou Caldas.
> Tu és rico, eu sou pobre;
> Tu és o Caldas de prata;
> Eu sou o Caldas de cobre.

A sublimação funcionou pelo plano lúdico. Nos autos dos CONGOS, CONGADAS, CONGADOS, nas danças ginásticas do bambelô, coco de roda, zambê, no jogo da capoeira vinda de Angola e ampliada no Brasil, nos cantos e, para o sertão, no "desafio" que se nacionalizou, profunda e medularmente.

> Se o negro sofre a morte
> o branco também sofreu...
> O sangue das minhas veias
> é vermelho como o teu!
>
> Se você nasceu nuzinho,
> nasci também todo nu...
> Eu venho de Adão e Eva
> a mesma cousa que tu!
>
> Quando as casas de negócios
> fazem sua transação,
> o papel branco e lustroso
> não vale nem um tostão;
> Escreve-se com tinta preta
> fica valendo um milhão!

> Você falou em Caim?
> Já me subiu um calor!
> Nessa nossa raça preta
> Nunca teve um traidor...
> Judas, sendo um homem branco,
> Foi quem traiu Nossenhor!

Na poesia de improviso a batalha entre negro e "cabra", enfrentando-se na "cantoria", é sempre violenta.

> Você falando de negro
> Comigo não passa bem.
> Branco veio de Portugal,
> Caboclo no Brasil tem.
> O Negro veio da África...
> E Cabra? Donde é que vem?

O folclorista alagoano José Aluísio Vilela contou-me que um cantador disse *alumeia*, sendo corrigido para *alumia* pelo adversário negro. A resposta:

> Minha gente venha ver
> O cantar de Malaquia!
> Quem não sabe diz *alumeia*
> E quem sabe diz *alumia*.
> Eu não gosto é de ver negro
> Com muita sabedoria!...

Como no Brasil, existem em Portugal versos, pilhérias, remoques, não contra o preto mas criticando suas demasias na autoclassificação embevecida. Há revides felizes, como nesta quadrinha ouvida na Casa da Ponte da Veiga (Lousada, Douro), repetida sem intenção de represália porque não se tratava de uma "desgarrada":

> Eu cá sei que sou a preta,
> Que sou a preta já sei;
> Também a pimenta é preta
> E vai à mesa d'El-Rei!

E a pimenta-preta, *Piper nigrum*, que dizemos no Brasil *pimenta-do-reino*, outrora vinda da Índia, monopólio português na divulgação comercial, fixava a origem indiscutível. Fosse a quadrinha brasileira e a citação natural referir-se-ia a uma pimenta vermelha, *vapsicum*.

Ir à mesa d'El-Rei era valorização suficiente para qualquer preta.

Mas todos esses motivos, sedutores para mim, são mais ou menos sobrevivências de predileções pessoais ou grupais. O conceito sociológico da *Negritude* está voando por sobre essas miúdas cordilheiras já proto-históricas, unicamente valiosas para os seus teimosos alpinistas anciões.

O critério popular europeu, levado ao continente americano, lindava o Preto numa apreciação reduzida, decorrente da própria espécie de sua colaboração, escrava, servil, submissa. Fora assim desde Roma. A culpa *fué del tiempo*. A valorização negra para os olhos de outras sensibilidades humanas será um resultado lógico de indagações posteriores, verificações, pesquisas. Consciência pela comunicação legítima, imediata, direta. Não creio nas simpatias por decreto, solidarismo por imposição e movimento compreensivo advindo das proposições dos congressos, políticos ou científicos.

Nesse ponto a voz é de Kronos e não de Clio.

O ambundu ki atu â, os pretos não são gente?

O Luminoso Companheiro

Saímos ao anoitecer de Chidenguele. Tínhamos assistido bailados e músicas, nativas e já influenciadas pelo europeu. Variedade de instrumentos fabricados no local, numa recriação surpreendente. O automóvel corria pela rodovia que o lento crepúsculo manchava de escuro, atravessando aquela terra de Gaza, domínio do Gungunhana, rumando Xai-Xai, à beira do Índico.

Vamos silenciosos, sob o enlevo misterioso da grande noite africana, olhando o caminho negro, ladeado de árvores. É uma zona de pequenos agricultores e as *machambas*, plantações, dividem os labores dos chopes, bailadores e timbileiros incomparáveis. Vez por outra há uma pequenina fogueira queimando diante das palhotas redondas. O mais encontrado é o negro, ágil e rápido, que passa com um tição aceso na mão, agitando-o ao vento da noite, abafada e morna.

Não será, certamente, para clarear-lhe a pisada que aquele preto balança o tição ardente, riscando a treva num arabesco de brasas. Aqui estão em casa, há séculos, plantando, cantando, dançando, outrora guerreando, lança na mão, escudo no braço, contra os sobas invasores, repelindo os "impis" zulus do grande filho de Muzila, neto do Manicusse, esmagado por Mousinho de Albuquerque.

Deve haver festa nos arredores porque os tições reaparecem, denunciando os convidados para o baile sonoro, movimentado e vibrante, como vimos em Zavala, distrito de Inhambane. Mulheres, tambores, timbilas.

Não, o carvão escarlate é um companheiro luminoso, guardião do corpo, custódia do homem, protegendo-o com o breve clarão da presença divina. Afugentará as coisas temíveis que andam à noite, como orava o rei David. Nenhum fantasma resistirá àquela aproximação deslumbrante com que Mowgli espavoria as feras famintas da jangla indiana.

Criado no sertão do nordeste brasileiro, sei a função mágica dessa curta e trêmula chama apadrinhadora. Ninguém saía de casa, noite fechada, sem o tição protetor, agitado como um broquel impenetrável. Na ida e na volta, todo o cuidado era pouco para não deixá-lo apagar, inutilizando a potência defensiva. Abandoná-lo no mato equivalia ao repúdio do próprio Anjo da Guarda.

O que vejo em Gaza, rodando para João Belo, verei na Zambézia, ao derredor de Quelimane. Idêntico em Cabinda, águas do Zaire; no Dundo, reino dos macuas na fronteira do ex-Congo Belga; na estrada de Quinhamel, indo para Bissau. O mesmo hábito dos sertanejos de minha infância nas catingas e tabuleiros do Rio Grande do Norte.

Na *Informação das Terras do Brasil*, o padre Manoel da Nóbrega escrevia em 1549 sobre os indígenas: "Dormem em redes d'algodão junto ao fogo, que toda a noite têm aceso, assim por amor do frio, porque andam nus, como também pelos Demônios que dizem fugir do fogo. Pela qual causa trazem tições de noite quando vão fora." Ainda em 10 de agosto do mesmo 1549, o Padre Nóbrega insistia no pormenor, referindo-se aos amerabas da Bahia: "Têm grande noção do Demônio e têm dele grande pavor e o encontram de noite, e por esta causa saem com um tição, e isto é o seu defensivo."

Em 1549 não havia influência negra no Brasil. O hábito era tão legitimamente ameraba como seria autenticamente africano.

John Roberts vira que o hindu *porte à la main un tison pour écarter ses invisibles ennemis*. François Lenormant ensina que *cette description des Hindous modernes s'applique trait pour trait aux anciens Chaldéens*.

Assim o caldeu de milênios atravessava a treva fazendo-se acompanhar pelo tição lampejante, talqualmente vejo o chão de Gaza.

Esse pedaço de madeira fumegante é uma das mais antigas participações sagradas, uma das tantas vezes milenar expressão testemunhal de um Deus cordial, indo pelo mesmo caminho dos pés humanos, prolongando com a luz o sinal da simpatia sobrenatural. Será uma das mais venerandas utilizações do fogo no plano da força mística. Não mais o lume imóvel, iluminando e aquecendo a residência na caverna ou palhoça, mas a potência miraculosa acompanhando o crente de seus valores mágicos através da caminhada, anunciando aos monstros e aos espectros a predileção superior invencível. O homem já conseguira a conquista da divina piedade para segui-lo no percurso da viagem e não apenas aguardar a oração no recinto murado dos templos ou no limite rústico dos "fanus". Essa acha rubra seria, sucessivamente, arma, oblação, súplica, amuleto, estandarte distanciador de todos os inimigos.

Veio das primeiras horas da inteligência refletiva. Começou em todos os grupos humanos no alto paleolítico, quando o cadáver foi sepultado com oferendas para alimentar-se e defender-se. Quando o homem acreditou na jornada inevitável depois da morte, lutando e caçando nos campos do céu.

O tição esbraseado, embaixador da coivara flamejante, cumpre ainda a missão de salvaguarda. Na noite africana vou identificando essa presença inesquecível de minha juventude no sertão de pedra do nordeste brasileiro, revendo a flor vermelha do fogo abrir suas pétalas de chama, guiando e defendendo o homem de sempre na floresta do mistério e do medo.

LUNDU

O capuchinho italiano Bernardo Maria de Cannecatim mencionava o LUNDU como uma das danças de *uso menos abominável* em Angola, onde fora Missionário Apostólico e Prefeito das Missões, compreendendo o Congo. O seu *Dicionário da Língua Bunda ou Angolense, explicada na portuguesa, e latina*, imprimiu-se na Imprensa Régia, Lisboa, 1804. Podia dar depoimento sem veleidades de contestação, há mais de 150 anos passados.

Nas primeiras décadas do século XVI o Lundu estava em Portugal e tão insistentemente bailado que o rei D. Manuel o proibiu, ao lado do Batuque da Charamba. O veto valorizou a dança que, tentando como cousa defesa, foi seduzindo as gerações até a contemporaneidade.

Quando apareceu no Brasil essa dádiva coreográfica e melódica de Angola é que não será possível apurar. Não adiantará dizer que mineiros e mineiras da Vila Rica adoravam o Lundu, mencionado *o quente Lundu* nas *Cartas Chilenas*, CVII, guardando costumes nos finais do século XVIII. Bailavam teimosamente, par solto, com trejeitos e momices tentadoras, homem diante de mulher, ou vice-versa, com palmas, castanholas e requebros.

Derramou-se o Lundu pelo Brasil e a memória bailarina nacionalizara--o sem recordar os bamboleios iniciais em Luanda e, com variantes e acréscimos no dinamismo das ancas, do Zaire ao Cunene, não exilando Cabinda na prática do saracoteio. Antônio de Morais Silva, brasileiro, senhor do Engenho Novo de Muribeca em Jaboatão, perto do Recife, dono de escravas e escravos que se desmanchariam no Lundu frenético, registou no seu *Dicionário da Língua Portuguesa*: "LUNDU, e não Londum; dança chula do Brasil, em que as dançarinas agitam indecentemente os quadris."

Gostavam do Lundu brancos e pretos. João Maurício Rugendas, visitando as regiões do sul, de 1821 a 1826, anotara: "Outra dança negra muito conhecida é o Lundu, também dançada pelos portugueses, ao som do violão, por um ou mais pares. Talvez o 'fandango', ou o 'bolero', dos espanhóis, não passem de uma imitação aperfeiçoada dessa dança." Charles

Ribeyrolles, 1858-1860, concedia uma pincelada enérgica: "Mais além é uma dança louca, com a provocação dos olhos, dos seios e das ancas. Espécie de convulsão inebriante a que chamam *lundu*." Rugendas documentou o Lundu com dois desenhos, deliciosos de precisão e movimento.

Spix e Martius reuniram ao ATLAS de sua *Viagem ao Brasil*, 1817-1820, um *Batuque, dança de negros*, realmente um *Lundu*, pelos braços tipicamente erguidos. Frei Miguel do Sacramento Lopes Gama, no *Carapuceiro*, novembro de 1842, Recife, lembrava nas festas de bodas e batizados:

>Ao som de citra e viola
>Também era muito usado
>O *dançar às umbigadas*
>O belo *Landum chorado*.

Era o *meigo Lundum gostoso* que Domingos Caldas Barbosa cantava aos peraltas e sécias de D. Maria I, ressoando na "Função", evocada por Nicolau Tolentino, na Lisboa do Príncipe-Regente D. João:

>Em bandolim marchetado,
>Os ligeiros dedos prontos,
>Louro peralta adamado,
>Foi depois tocar por pontos
>O doce *lundum chorado*.

Era o *lundum* predileto de pretas e pretos *alfacinhas*, ao som de zabumba e rebeca, na Lisboa d'El Rei D. Miguel (*Sketches of Portuguese Life*, 1826).

O lundu era dançado com instrumentos de percussão e depois de corda. Não seria cantado em Angola e menos inicialmente no Brasil. Pelo século XIX o Lundu possui melodias características quando anteriormente teria apenas o ritmo. O Lundu cantado, a canção do Lundu, ganhou popularidade no plano da simpatia. Sílvio Romero (*Estudos sobre a Poesia Popular do Brasil*, Rio de Janeiro, 1888) escrevera: "Os *lundus* são uma variante das modinhas; são mais intercortados e lascivos na música, e mais explosivos na letra. São popularíssimos e festejados até nas trovas anônimas como um tipo especial de poesia, o que se vê destes versinhos:

>Quando eu era pequenina,
>E aprendia o B-A, bá,
>Minha mestra me ensinava
>O *lundu do marruá*."

Anos antes, publicando na "Revista Brasileira" (tomo VI, Rio de Janeiro, 1880) as pesquisas sobre *A Poesia Popular no Brasil*, Sílvio Romero divulgara os mesmos períodos de 1888 mas o versinho citado era outro:

> Quando eu era pequenina,
> E aprendia o B-A, bá,
> Minha mestra me ensinava
> O *lundu* do MON ROY!

Esse *Lundu* do MON ROY era solfa portuguesa do século XVIII e Pinto de Carvalho informava haver manuscrito na Biblioteca de Lisboa (*História do Fado*, Lisboa, 1903).

Nos *Cantos Populares do Brasil* (Rio de Janeiro, 2ª edição, 1897) a quadrinha reaparece modificada:

> Minha mãe mandou-me à escola
> Aprender o B-A, bá,
> Minha mestra me ensinou
> O *lundu do marruá.*

Esse LUNDU DO MARRUÁ (novilho, touro) fora dança preferida na Cidade do Salvador e Manuel Querino descrevia o bailado entre elegantes da Bahia: "O LUNDU DO MARRUÁ – Duas pessoas, na posição de dançarem a valsa, davam começo ao lundu. Depois apartavam as mãos, levantavam os braços, em posição graciosa, a tocar castanholas, continuando a dança desligadas."

Esse Lundu estava despido das umbigadas patuscas que davam sal e pimenta para a patuleia devota. Mas à volta de 1880, já não era bailado muito conhecido e sim canção, notada por Sílvio Romero. Foi essa a forma sobrevivente.

O barão de Sant'Ana Nery explicou em Paris (1889) os sortilégios do Lundu: "*Le LUNDU est plus populaire, et on le danse dans tout le Brésil. Il est d'origine noire. Voici comment on l'exécute:*

"*Les danseurs sont tous assis ou debout. Un couple se lève et commence la fête. C'est à peine s'ils remuent en commençant: ils font claquer leurs doigts bruit de castagnettes, lèvent ou arrondissent les bras, se balancent mollement. Peu à peu, le cavalier s'anime: il évolue autour de sa dame, comme s'il allait l'entourer de ses bras. Celle-ci, froide, dédaigne ses avances; il redouble d'ardeur, elle conserve son indifference souveraine. Maintenant, les voilà face à face, les yeux dans les yeux, presque hypnotisés par le désir. Elle s'ébranle, elle s'élance; ses mouvements deviennent plus saccadés, et elle se trémousse dans un vertige passionné, tandis que la viola soupire et que les assistants, enthousiasmés, battent des Mains. Puis, elle s'arrête, haletante, épuisée. Son cavalier continue son evolution pendant un instant; ensuite, il va provoquer une autre danseuse, qui sort du rang, et le lundù recommence fiévreux et sensuel. Le* LUNDU *a des charmes qui tournent les têtes les plus solides"* (Le Folk-Lore Brésilien. Préface du Prince Roland Bonaparte. Paris, 1889).

A música mereceu atento registo de Oneyda Alvarenga, *Música Popular Brasileira*, Porto Alegre, 1950, e um estudo especial e brilhante de Rossini Tavares de Lima, *Da Conceituação do Lundu*, São Paulo, 1953. De sua importância, é suficiente esse trecho de Oneyda Alvarenga: "Mário de Andrade acentuou (em estudo inédito que me revelou) a importância social dessa ascensão do Lundu. Antes do Lundu, a música, as danças e as festas dos negros eram consideradas um mundo à parte, que o branco escutava e via com condescendência, mas não permitia que entrassem no seu alvo mundo. *O Lundu foi a primeira forma de música negra que a sociedade brasileira aceitou* e por ele o negro deu à nossa música algumas características importantes dela, como a sistematização da síncopa e o emprego da sétima abaixada."

Não sei de sua presença portuguesa, assinalada na segunda metade do século XIX. Antônio Arroio dividia, em 1909, a temática coreográfica lusitana em quatro zonas, e os tipos essenciais eram a Chula, o Fandango, as Saias e o Corridinho.

Nunca ouvi mencionar o Lundu em Portugal.

Desapareceu em Angola. Vive como uma canção no Brasil.

GUERRAS DO ANANÁS E DO ABACAXI

> "... declaro que ambas as plantas
> venceram o pleito, pois cada uma
> fez quanto pôde."
>
> Antônio José, *Guerras do Alecrim
> e da Mangerona*, II, VII (1737).

*P*or toda a África do Atlântico, Índico, mar Vermelho e Mediterrâneo, conhece-se o abacaxi.

Perdão. Conhecem ao ananás.

Ananás é o nome que se derrama por todas as línguas africanas e essa é a fruta cujo sumo escorrega por todas as gargantas.

As culturas são vastas e o fruto popularíssimo, notadamente pelo leste e oeste do continente, nas extensas plantações.

Só dizem, porém, ananás, comumente o *Ananas comosus* (Linn. Merr), subespontâneo há mais de cem anos pela orla ocidental. John Grossweiler (*Flora Exótica de Angola*, Luanda, 1950) adverte que *a designação de abacaxi é específica do Brasil*.

Não há mercado africano, oriental e pelo Atlântico, sem ananases. Nenhuma referência ao abacaxi. Como se não existisse a denominação.

O tipo mais facilmente encontrado, exposto à venda, mastigado pelos pretos, é bem o ananás, de polpa rija, amarelada, semiácida, embora a digam doce e gostosa de Angola ao Senegal.

Não é barato. Em Lourenço Marques custou-me um Cr$ 150,00.

Prof. Raymond Mauny (*Notes Historiques Autour des Principales Plantes Cultivées d'Afrique Occidentale*, Bulletin de l'Institut Français d'Afrique Noire, Dakar, abril, 1953) resume excelentemente a expansão do ananás, *Ananas sativus*, Schult, pela região africana do poente. Marees informa em 1605 *le fruit qu'on nomme Ananas... est venu en ces pais par les Portugalois* na fortaleza de Mina, Elmina, Gana atual. Lacourbe cita-o em 1685 na Gâmbia. Dapper, 1686, no Cabo Verde, Gâmbia, Rio das Pamas e

Costa do Ouro. Conclui o Prof. Mauny: *Il est aujourd'hui répandu partout em A.O.F. bien que nulle part il ne fasse l'objet de culture pour l'exportation.*

Naturalmente os portugueses não esperaram um século para levar o ananás aos seus domínios africanos, sabendo-o de fácil cultivo e planta tropical. Empurrava-o um cortejo de aclamações. Gandavo, Léry, Thevet, Claude d'Abbeville, Fernão Cardim, Gabriel Soares de Sousa, este em 1587, eufórico na minuciosa descrição deliciada, proclamavam-lhe a primazia incomparável.

Nesse tempo não havia o abacaxi. Viajou o ananás.

Mas no Brasil contemporâneo diz-se *um abacaxi* valendo problema, complicação, dificuldade. O aspecto exteriormente hostil da bromélia justifica a imagem.

Esse nome *abacaxi* é mais ou menos recente no vocabulário usual do Brasil. Até mesmo o século XIX pertencia ao *ananás* a unanimidade dos louvores.

Para os poetas nativistas do século XVIII as folhas e brácteas que envolvem o fruto, numa vigilante e áspera defesa, constituíam a coroa real no domínio de todas as demais.

Assim o evoca frei Manoel de Santa Maria Itaparica (1704-1768):

> No ananás se vê como formada
> Uma c'roa de espinhos graciosa,
> A superfície tendo matizada
> Da cor que Citereia deu à rosa;
> E sustentando a c'roa levantada
> Junto com a vestidura decorosa,
> Está mostrando tanta gravidade,
> Que as frutas lhe tributam majestade.

Frei José de Santa Rita Durão (1720-1784) ergue louvação idêntica:

> Das frutas do país a mais louvada
> É o régio ananás, fruta tão boa,
> Que a mesma natureza namorada
> Quis como a rei cingi-la de coroa.
> Tão grato cheiro dá, que uma talhada
> Surpreende o olfato de qualquer pessoa.
> Que, a não ter do ananás distinto aviso,
> Fragrância a cuidará do Paraíso.

O poema de Santa Maria Itaparica imprimiu-se na Bahia em 1841 e o *Caramuru*, de Santa Rita Durão, em Lisboa, 1781. Os dois frades morreram ignorando o abacaxi e fanáticos pelo ananás.

A imagem soberana já anteriormente ocorrera a Sebastião da Rocha Pita (1660-1738) na sua *História da América Portuguesa* (Lisboa, 1730, I, 50) enumerando as "frutas naturais cultas": "Das naturais cultas há infinitas, sendo primeira o ananás, que como Rei de todas, o coroou a natureza com diadema das suas mesmas folhas, as quais em círculo lhe cingem a cabeça, e o rodeou de espinhos, que como arqueiros o guardam."

Nenhum cronista dos séculos XVI e XVII menciona o abacaxi. Todas as homenagens e menções são para o ananás, *o régio ananás*.

O problema é a origem do nome, abacaxi, não falado pelos antigos.

O padre F. F. Betendorf registrara em 1699 uma tribo indígena no Xingu, denominada Abacaxizes. Há o rio Abacaxi, afluente do Amazonas, entre o Madeira e o Tapajós, desembocando no grande *furo* dos Tupinambaranas. Beaurepaire-Rohan, no verbete "Abacaxi" no seu *Dicionário de Vocábulos Brasileiros*, 1889, informa, prudente e lógico: "Em relação a este assunto, farei apenas observar que há um afluente do Amazonas chamado rio Abacaxis. Não sei se desta circunstância deveremos inferir que as margens daquele rio são a pátria desta fruta". Milliet de Saint-Adolphe regista no seu *Dicionário*, 1845, um ribeirão no distrito de Borba, no Pará, com esse nome, e indígenas Abacaxi residentes nas suas margens. Em 1758 a aldeia "Abacaxis", no Amazonas, denominou-se Serpa. Indígenas e não as frutas.

Teriam esses amerabas dado nome ao rio? Certamente. Também à fruta? Não me parece plausível pela inexistência dela nessa paragem.

Batista Caetano fala em *ibácatĩ é fruto rescendente; também se escreve ibacachi*. Esclarece: *catí é rescender, cheirar bem ou mal, porém muito*.

Com os ananás era mais fácil a tradução. De *nâ-nâ*, perfumado, cheira-cheira, duplicativo de *nã*, cheirar, rescender, cheirar muito, o naná, ananás, para o português.

É a lição de Teodoro Sampaio: "Naná; corr. *nanã*, o substantivo *nã*, no grau aumentativo – cheirão, o aroma grande, o que sempre cheira. É o nosso ananás (*Bromelia*)."

Sobre o abacaxi: "s. corr. *ibá-cachi*, fruta cheirosa, rescendente."

O próprio nome *abacaxi* determinou essa confusão etimológica. A designação permite continuar-se em estado de debate. Alguns, arredando a discussão, identificam o ananás com o abacaxi e tratam deste último como sendo a fruta elogiada nos séculos XVI e XVII nos nossos primeiros cronistas.

Ananás não é abacaxi, ensinam todos os botânicos e é aula primária em pomicultura a indispensável distinção. Plínio Airosa compendia documentos e dá longa notícia no seu *Termos Tupis no Português do Brasil* (S. Paulo, 1937).

O padre Carlos Teschauer sugerira *abacachaí*, equivalendo a cabelo, grenha, alusão ao penacho que encima o fruto. Esse penacho motivou a realeza do ananás para Itaparica, Durão, e antes a Rocha Pita. Mas não lhe trouxe o nome. Continuou ananás.

Quando os étimos propostos para o abacaxi incluem o prefixo *iba*, não havendo documento dessa grafia e sempre vimos o vocábulo iniciado por *aba*, varão, homem, macho, no emprego vulgar do nhengatu. Os indígenas do rio Abacaxi talvez possuíssem nome ligado a esses elementos, *aba*, homem, e não *iba*, fruta, com terminação que não posso traduzir. As etimologias, em percentagem esmagadora, são conjeturas que ficam sendo convenções, sustentadas com maior ou menor habilidade erudita ou atrevimento dialético.

Creio que o abacaxi fruta, e os indígenas abacaxis do rio amazônico, são unicamente palavras homofonógrafas, de igual escrita e dicção, diferenciadas no significado.

Alfredo Augusto da Mata (*Vocabulário Amazonense*, Manaus, 1939) escreve sobre o verbete: "Lembram pelo aspecto volumosa espiga de milho. Lê-se em Bertoni ser *avachi* o milho em guarani, e *avacachi* corruptela do próprio guarani, de que proveio a vulgarização de abacaxi, em quase todo o Brasil."

O abacaxi é uma variedade cultivada do ananás (*Ananas sativus*, Schult). Não há abacaxis silvestres.

Se o guarani, segundo Bertoli, denominou o abacaxi *avacachi*, comparando-o a uma grande e grossa espiga de milho, *avachi*, *abati*, não lhe dando designação específica, é porque o abacaxi fora resultado tardio, possivelmente recente, advindo da cultura do velho ananás ameríndio. O milho, cultura ameríndia pré-histórica, crismara o arroz, quase nosso contemporâneo, dizendo-se *auati-í*, milho-d'água.

A primeira informação científica é a do naturalista Manoel Arruda Câmara no *Ensaio sobre a Utilidade da Instituição de Jardins nas Principais Províncias do Brasil* (Rio de Janeiro, 1810): "ABACAXI. Bromélia. Há três variedades de *ananás* no Maranhão, chamadas *abacaxi*. Uma tem o fruto branco e as folhas não são em forma de serra. Noutra, o fruto é de cor púrpura, com folhas espinhosas. Não vi a terceira. Levei as duas primeiras variedades para Pernambuco onde as plantei e se vão tornando comuns, reenviadas, por pessoas interessadas, para as demais províncias. Seu sabor é superior ao das espécies que conhecíamos há longo tempo."

A história maranhense do abacaxi está pedindo um investigador. Quando, como e onde se originaram as tais variedades? Arruda Câmara trouxera de lá o abacaxi para Pernambuco e este seria o centro de irradiação. Von Martius visita o Maranhão em 1819 e só regista o ananás. Nem uma menção ao abacaxi. Em Belém do Pará, escreveu: "Menção particular merece o ananás, que, em muitos pomares dos arredores, sem cultivo especial, chega a tal tamanho, excelência do suco e sabor, que justifica o seu título de rei dos frutos tropicais. Só em raro se encontra o verdadeiro ananás nas matas de Belém, e concordam os dizeres dos antigos plantadores que a qualidade, hoje aqui cultivada nas chácaras, foi importada de Pernambuco e do Maranhão" (*Viagem pelo Brasil*, III). Tratava-se, evidentemente, do abacaxi cultivado mas von Martius não lhe ouve o nome e sim o do ananás, obstinadamente.

Singular é que, cem anos depois, o sr. Domingos de Castro Perdigão, no seu *O Que se Deve Comer – Adaptação do sistema de alimentação vegetariana para uso dos brasileiros* (Maranhão, 1918), registe várias receitas para a utilização do ananás e nunca se refira ao abacaxi, justamente na área onde Arruda Câmara afirmara haver recolhido as mudas iniciais.

Na tradução brasileira do *Notas sobre o Rio de Janeiro* de John Luccock, como observação de 1808, encontro: "Abundavam também os abacaxis..." Não pude consultar o original texto. Deve estar *ananás*. O abacaxi, nesse 1808, estaria descendo em lenta divulgação, do norte para o sul. Dois anos antes do ensaio de Arruda Câmara. Em inglês não há abacaxi. Para as Índias o inglês leva o nome do ananás, através do seu *pine-apple*; *annasiparan* em tamil, *annanas* em hindi (Manorama Ekambaram, *Hindu Cookery*, Bombaim, 1963).

Na versão brasileira da *Viagem ao Brasil*, do príncipe de Wied-Neuwied, deparo *abacaxis* em 1815 no interior da Bahia, no rio Guajintiba, afluente do São Mateus: "Abacaxis bons de comer não se encontram no Brasil em estado selvagem, mas são fartamente cultivados nas plantações, vingando tão vigorosamente como plantas silvestres." Wied-Neuwied escreveu: *Die essbare* ANANAS *wird in Brasilien nicht wilde gefunden*, etc. Ananás e não abacaxi. Em alemão não há abacaxi. Em 1817 Pohl não inclui o abacaxi na sua relação e sim, no Rio de Janeiro, o *Bromelia ananas*. Nem o cita Russell Wallace no Amazonas, 1848-52.

Nos idiomas cultos da Europa penetrou o ananás. É o que aparece figurando nas enciclopédias ilustres.

Outro indicador é Jean-Baptiste Debret. Vivendo no Rio de Janeiro de 1816 a 1831, desenha as FRUTAS DO BRASIL, descrevendo-as. Compareçam o "ananás coroado" e o "ananás verde". Nada de abacaxi.

Charles Ribeyrolles, escrevendo na capital do Império, entre 1857 e 1858, desconhece o abacaxi: "Ananás de Pernambuco? Primeira qualidade e o primeiro perfume, senhor. Polpa tenra, deliciosa, sem fibras. Não sei de mais curiosa bromeliácea na América do Sul." Esse *ananás de Pernambuco* era, no tempo, precisamente o famoso abacaxi. De Goiana, bem possível.

Estudando *Campos dos Goitacases em 1881*, o dr. José Alexandre Teixeira de Melo informava: "O município produz ainda, em abundância, muitos frutos quase sem nenhum cultivo; o caju, o cajá, *o ananás, modernamente suplantado pelo abacaxi proveniente de Pernambuco*" (Revista do Instituto Histórico Brasileiro, XLIX, 2º volume de 1886).

Presentemente abacaxi é o nome quase único, vulgar, preferido por todo o Brasil. Tão impositivo que os tradutores de Luccock e de Wied-Neuwied lendo *ananás* escreveram *abacaxi* pela força do hábito, no automatismo usual de um vocábulo familiar.

Quando se verificou essa substituição do ananás pelo abacaxi?

Naturalmente a cultura do abacaxi, sumoso, mais alimentado, muito mais doce, foi empurrando para a suplência alimentar o ananás histórico. Os estrangeiros multiplicaram os gabos porque na Europa as frutas têm menor índice de sacarose e o ananás pareceu-lhes uma maravilha açucarada. Era a oferta de suprema guloseima: *Que diriez-vous d'une tranche d'ananas?*

As frutas tropicais, pela irradiação solar concentradora, possuem uma percentagem de açúcar infinitamente superior às frutas dos climas frios ou temperados, mais ácidas.

Até prova expressa em contrário o abacaxi começa a sua história brasileira a partir da primeira década do século XIX.

Pela África reina os ananás. Desde o século XVI. Missionários e viajantes mencionam o ananás, frutificando na segunda metade do século XVI pela orla africana do leste, como no litoral atlântico.

Nunca o abacaxi.

Cafuné

Andando devagar pelos infindáveis Musseques, nesses domingos lentos de Angola, encontro, vez por outra, uma mulher com os dedos inquietos na cabeleira de homem deitado à porta da palhota, de barro, coberta de colmo ou telha em goiva. Revejo assim o *cafuné*, tradicionalíssimo no nordeste brasileiro, notadamente nas praias e pelos sertões.

Já lhe dediquei obstinada pesquisa no *Dicionário do Folclore Brasileiro* (Instituto Nacional do Livro, 2ª edição, Rio de Janeiro, 1962).* Ataques, defesa, origens, bibliografia, arte, história e geografia do Cafuné, compendiei quanto pude no assunto.

O Prof. Roger Bastide examinou a *Psicanálise do Cafuné* (Ed. Guaíra, Curitiba-S. Paulo-Rio, 1941).

O viajante europeu ou norte-americano fatalmente confundirá o cafuné com o ato prosaico de catar piolhos. Diferem, funcional e tecnicamente.

Catar alguém é um dever afetuoso e demonstração de bem-querer para esses povos, indígenas e amerabas. A recusa é uma injúria. Um dos alunos de Heli Chatelain em Luanda queixou-se ao mestre: *So-and-So refuses to catch my lice!* O mestre conclui: *He considered that a great breach of school-fellowship.*

No Brasil, todos os viajantes e naturalistas testificam a predileção indígena pela catação atenta e demorada, com os direitos naturais da reciprocidade. Os registos são multidão, de reparo antigo e contemporâneo, pelo interior e cidades maiores e menores.

Não se trata dessa prática de asseio capilar.

O cafuné é uma ocupação deleitosa de horas de folga, perícia em serviço da preguiça repousada, ávida das pequenas volúpias sem maldades, limpas de intenção erótica prefigurada. Aqui em Luanda, como na cidade do Natal, pelos bairros do Alecrim e do Areal, no sueto dominical, o cafuné comprova sua contemporaneidade positiva. Estende o domínio do hábito secular em ambas as margens do Atlântico.

---

* Edição atual – 12. ed. São Paulo: Global, 2012. (N.E.)

Bem sei que o cafuné reafirma mais uma presença de Angola no Brasil.

Vivo no uso e fixado no folclore. Começa pela catagem inconscientemente amorosa, provocativa de contatos, de hálitos perturbadores pela vizinhança.

> Comadre, minha comadre,
> Comadre bastante ingrata;
> Venha catar meus piolhos
> Que há muito tempo não cata!

Mas não se trata apenas de catar. Os dedos da mão denunciam a finalidade precípua:

> Dedo mindinho,
> Seu vizinho,
> Maior de todos,
> Fura-bolo,
> Cata-piolho.

Como catar é procurar, buscar, "cata-que-farás" denominador da velha rua em Lisboa, o indígena tinha vocábulo semelhante. Catar era *cicare*, *cicari*, procurado, buscado, catado; *ciraresáua*, busca ou catagem, informa o conde de Stradelli. Mas, pelo que se conhece, não possuíam os ameraba o cafuné, o *fingir estalidos inseticidas*, que Camilo Castelo Branco incluiu na *Corja*. Morais averbou no *Dicionário*: *estalos, que são dados na cabeça, como quem cata, com as unhas, para adormecer.* Exato. O cafuné independe do catamento e a explicação profilática é falsa. Inteiramente errada. É distração, prazer, tarefa ociosa.

> Eu só quero mulher
> que faça café,
> não ronque dormindo,
> e dê cafuné.

Quem gosta de cafunés frui volúpias muito além do que sonha a nossa vã filosofia. A sra. Elisabeth Barbosa Monteiro conta que o seu sogro, mesmo sob a tremenda ameaça de um assalto do cangaceiro Lampião à cidade do Crato (Ceará), não dispensou os cafunés habituais da velha mestiça: *A chave da minha casa está ali nas mãos do Coração de Jesus! Maria Isabel, continue os cafunés!* Aí está como o vício se torna heroísmo.

O cafuné só existe no Brasil por onde viveu escravaria banto, dos Congos e de Angola. Divulgou-o numa contaminação incessante para seus descendentes, colaterais, e as mucamas viciaram amos e amas aos estalos dormitadores. Desapareceu o escravo mas o branco herdara parcela valiosa do patrimônio gostoso. Nas cidades maiores, onde a população se avolumou na vinda de imigrantes e convergência funcional pela necessidade do serviço público, o negro, diluindo-se na mestiçagem, não defendeu suficientemente o cafuné como um uso sobrevivente do costume antigo. Nas cidades que cresceram lentamente, o cafuné não morreu. Pelos sertões ficou resistindo. Morrendo devagar, como El-Rei D. Sebastião em Alcácer-Quibir.

Não tenho a menor referência do correspondente cafuné entre os sudaneses. Do cafuné africano, trazido pela Angola para o Brasil, ensinava-me Oscar Ribas, o mestre em Luanda, desde janeiro de 1958: "Etimologicamente, cafuné é aportuguesamento do quimbundo *kifune*, o verdadeiro termo local de emprego corrente, resulta de *kufunata*, vergar, torcer. Compreende-se: para a produção do ruído, tem que se vergar o polegar, quer estalando sozinho, quer também com o indicador, pelo toque das duas unhas, a do polegar na do indicador. O cafuné, segundo os apreciadores, para ser verdadeiramente apetitoso, devia estalar forte, ou, conforme o vulgo, *gritar*. Esse efeito, no entanto, não era obtido por todas as mulheres. Em resultado, existiram autênticas especialistas. Mesmo não gritando, o saber *pôr* cafunés, na classe baixa, constituía, a par da *jimbumba* (tatuagem), um dos predicados femininos. Do mesmo modo que uma mulher sem *jimbumba* se assemelhava ao bagre, assim ela, desprovida dessa habilidade, não conquistava o título de perfeita. Era à mulher que competia *pôr* cafunés. Quando alguém os pretendesse, pedia a pessoa íntima. O homem, se fosse solteiro, solicitava-os a uma parenta. Se namorava, à conversada, à hora do idílio. E, se casado, à cara-metade. Em regra, as mães, para adormecerem as crianças, aconchegavam-nas a essa estalejante carícia. O cafuné não apenas existe onde se fala o quimbundo, de Luanda a Malange, mas também se empregou, como ainda se emprega, em toda a Província. Na área de Benguela, entre os umbundos, diz-se *xicuanli*. Entre os quiocos e lundas, *coxoholeno*. A sua extinção nos grandes centros, ou mais precisamente, a sua enorme decadência, deve-se a dois importantes fatores: as dificuldades econômicas e a vertiginosa corrida para o Progresso. No primeiro caso, as criaturas dadas a esse prazer, com a maior soma de trabalho verificada em toda parte, deixaram de possuir a antiga largueza de ócio, a base fundamental do cafuné. E, no segundo, as atuais gerações, pela aversão que sentem por tudo que tresanda a tradicionalismo, nem sequer pensam em tal coisa. Por isso, a decadência; por isso, a aparente extinção. Daqui, o usar-se, só em reduzidíssima escala, como que em desfolhamento de saudades.

"Constituiu o cafuné uma inveterada prática angolana, muito apreciada pela doce sonolência despertada. Usaram-no homens e mulheres, adultos e crianças. Mas só as mulheres o aplicavam. A operação compreendia três partes: a preparatória, a entorpecedora e a finalizante. Na preparatória, friccionava-se, com o indicador direito, lentamente, suavemente, aqui, ali, acolá, em todo o couro cabeludo. Na entorpecedora, à medida que se esfregava, vergava-se o polegar respectivo, como que matando um piolho, daí se arrancando, com habilidade, o estalido do suposto esmagamento. E, na finalizante, consequentemente no final da fictícia catagem, aplicava-se, não uma mão, mas ambas, cada qual em seu lugar. Na prodigalização desse mimo ou passatempo, isto conforme as circunstâncias, a operadora permanecia sentada, de ordinário em esteira ou *luando* (esteira que se enrolava no sentido da largura), com as pernas estendidas, e o paciente, deitado, com a cabeça recostada no seu colo. A hora mais propícia era a da tarde, sobretudo quando o calor apertava, ou, então, de noite, após o jantar. De dia, fora de casa, a uma sombra do quintal ou de uma árvore próxima. E de noite, também no quintal, quando a família, em ameno entretenimento, quer de cavaqueira quer de passatempos seroava, ou tipicamente, *sanguilava*, mormente ao luar."

O cafuné continuou inalterável no monopólio das mãos femininas no Brasil. Também melancólica a sua decadência brasileira. Além das razões lógicas de Óscar Ribas, vemos que o ócio se orienta para outras sublimações abstratas e concretas em resultados positivos. A ciência do *Dopolavoro* abre o leque das tentações irresistíveis, esportes, praia, montanha, passeio, danças, conversa de bodega e bar, cinema, namoro compensador, um *Jus Ludi* que Johann Huizinga não poderia prever e menos deduzir. Mas não desapareceu de todo. Documenta-o pintura, escultura, versos, estudos.

> Eu adoro uma iaiá,
> Que quando está de maré,
> Me chama, muito em segredo,
> P'ra me dar seu cafuné.
>
> Não sei que jeito ela tem
> No revolver dos dedinhos,
> Qu'eu fecho os olhos, suspiro.
> Quando sinto os estalinhos.

Vivem ainda os fiéis ao cafuné. Morreu, realmente, o segredo provocador daquela inocente e voluptuosa sonolência intencional, como as derradeiras "crias de casa", as últimas matronas sertanejas, mandonas e valentes, adormecendo os maridos e filhos com a ponta dos dedos ágeis. Os estrangeiros confundiam com a caça aos piolhos e lêndeas. As damas e donzelas do cafuné não são *les chercheuses de poux*, dando motivo a Rimbaud.

Sem nenhum palpite difusionista lembro-me da Índia diante da África Oriental. E na Índia o cafuné tem o nome de *chamotim*, estalos de dedos na cabeça para adormecer. Coincidência ou velocidade inicial?

Eie uandala kuijía o ima ioso; quererás saber todas as cousas? Tentei apurar a vaga notícia. O Dr. José Leal Ferreira Jr., da Embaixada do Brasil na Índia, atendeu generosamente a minha curiosidade provinciana. O Prof. M. K. Karandikar, do Departamento de Línguas Modernas Indianas na Universidade de Delhi, respondendo à consulta, informou por intermédio do Prof. R. K. DasGupta, *head of the Department of Modern Indian Languages*. Deixo ficar no original inglês para mais fiel informação:

CHAMOTIM. – *The nearest Marathi expression is "Champi", a form of massage and shampooing. The word is old in Marathi. It is derivable from the Sanskrit root (chap) (from which we get wheat Cake flattened etc.). The nasal occurs on the analogy of (Chumb) to kiss.*

The present practice of "Champi" consists in using a little oil (mostly slightly fragrant) and using it on the head for massaging it. It also includes massaging all parts of the body right from head to foot. It is used both for wrestlers and ordinary people. Anyone devisiting Chowpatty (in Bombay opposite the Wilson College, Bombay) would meet a number of persons offering to do "Champi" or massage for any amount from 4As (0.25nP now) to a rupee or two; formerly it cost much less.

It may be that the Portuguese word "cafune" (if C pronounced like CH in church and not K) may have an Indian origin – possibly Marathi – where the Portuguese established themselves in Goa in the 16th Century.

The word "Chamotim" may be a corruption derived from this word "Champi".

New Delhi, 10-9-1964.

Esse *Champi* divulgou-se através do inglês *shampoo*, xampu, loção para lavagem e limpeza da cabeça, industrializada e conhecida por todas as mulheres deste mundo.

Ao diplomata José Leal Ferreira Jr., a quem devo a mais distante indagação do Cafuné, todos os agradecimentos.

O Chamotim hindu, massagem com óleo perfumado, é quase universal e os negros africanos empregavam o óleo de dendê e depois a manteiga de vaca antes de qualquer uso culinário, registrada no século XV. Nesse estado de cultura, como notou Joest, citado por Karl von den Steinen, a untura é anterior à lavagem intencional. O Chamotim não é, funcionalmente, o Cafuné. Parece-me este, até prova expressa em contrário, uma carícia banto. Talvez tenha partido da massagem na cabeça, tornada independente. Mas, como a vemos n'África Ocidental e no Brasil, não há na Índia.

Maxila, Tipoia e Rede

Sabemos dia, mês e ano em que a brasileira rede de dormir foi vista pelo europeu: 27 de abril de 1500. Pero Vaz de Caminha denominou-a, visitando a residência dos Tupiniquins em Porto Seguro, *em que haveria nove ou dez casas, as quais eram tão compridas, cada uma, como esta nau-capitânea. Eram de madeira e as ilhargas de túbuas, e cobertas de palha, de razoada altura; todas duma só peça, sem nenhum repartimento, tinham dentro muitos esteios; e, de esteio a esteio, uma rede atada pelos cabos, alta, em que dormiam. Debaixo, para se aquecerem, faziam seus fogos.* Setenta anos depois, Gandavo podia afirmar: *A maior parte das camas do Brasil são redes.* Não havia transporte em rede entre os indígenas. Dominavam, nas tribos do litoral, as redes que os indígenas Aruacos transmitiram aos Tupis.

Chamou-se REDE pela semelhança com a de pesca. E ficou a denominação para os cronistas do século XVI e até hoje no uso e abuso tradicionais. O nome indígena era INI e assim registraram Hans Staden, Jean de Léry, André Thevet, Claude d'Abbeville, Jean Nieuhof. REDE para os portugueses, Nóbrega, Cardim, Anchieta, Gabriel Soares de Sousa, o Brandônio dos *Diálogos das Grandezas do Brasil*, frei Vicente do Salvador, Gandavo.

Depois vieram *quisáua* amazônica, *maquira, maca,* vulgarizada como o leito naval. Montaigne informa sobre os seus "Cannibales": *Leurs licts sont d'un tissu de coton, suspendus contre le toict comme ceulx de nos navires.* Era a *branle, o lit de matelot*.

A rede ilustrou em 1555 o portulano de Guillaume Le Testu.

Francesco Antonio Pigafetta, companheiro de Fernão de Magalhães, dezembro de 1519, escreve no Rio de Janeiro o apelido aruaco, caribe, com que os castelhanos iam-na divulgando, *hamac, hamaca* espanhola, *hamac* francesa, *amaca* italiana, inglesa *hammock*, alemã *Hängematte*, a portuguesa *maca*. Naturalmente há quem diga *hamaca* originar-se do neerlandês *hangmat*, cama suspensa, no tipo da *branle*. Pigafetta escreveu sobre o *ameraba* em sua casa: *Abitano in casa lunghe ch'essi chiamano boi e dormono in rette di bambagia da logo dette AMACHE attacate nelli case stesse pe due capi a grosse travi.* Os holandeses, no domínio de 1630 a 1654, diziam *hangemach* e mesmo *hamacca*.

Para a Sociedade de Estudos Históricos Dom Pedro II estudei longamente o motivo, *Rede de Dormir – Uma pesquisa etnográfica* (Ministério da Educação e Cultura, Serviço de Documentação, Rio de Janeiro, 1959),* com as informações possíveis e num plano sistemático.

O rumo agora é diverso. Como dizem em Luanda, *Dibulu diengi, kimbungu kiengi,* outra lebre, outro lobo.

A rede era conhecida desde o México. Castelhanos e portugueses usavam na Europa a cadeirinha, redução da clássica liteira romana. Adaptaram a rede como meio de transporte, urbano e rural, suspensa ao longo de um varal aos ombros de dois escravos possantes. É uma solução ameríndia.

O jesuíta Fernão Cardim, em 1583, registava: "Partimos para a aldeia do Espírito Santo, sete léguas da Bahia, com alguns trinta índios, que com seus arcos e flechas vieram para acompanhar o padre e revezados de dous em dous o levavam numa rede." Mas continuava sendo cama. "Nem faltavam camas, porque as redes, que servem de cama, levávamos sempre conosco." Salientando os escrúpulos de Matias de Albuquerque quando Capitão-Mor de Pernambuco, frei Vicente do Salvador anotou: "Nunca quis andar em rede, como no Brasil se acostuma, senão a cavalo ou em barcos."

Os doentes, velhos adoentados, não escolhiam outra locomoção. No rol das despesas do Engenho de Sergipe do Conde, relativo a 1645, lê-se: "Item a hũa rede q̃ me carregou por andar indisposto... 80 reis; Item a hũns negros de me carregarẽ em hũa rede por andar indisposto... 80 reis."

Pela Ásia (China, Índia, Japão, Arábia) estava o palanquim, a cadeirinha ornamental, levada por homens ou animais. O português substituiu o estrado de madeira pela rede e a posição sentada pelo folgado descanso deitado, talqualmente fizera no Brasil tropical. Na *Relação do Reino de Congo,* de Duarte Lopes e Fillippo Pigafetta (Roma, 1591), estão as gravuras do MODO DE FAR VIAGGIO & CORRER LA POSTA, a rede pendente de varal, levada por dois homens; ALTRO MODO D'ANDAR ATTORNO, a cadeirinha descoberta, e ainda ALTRO MODO D'ANDAR IN POSTA, o palanquim, carregado por quatro servos. O primeiro era uma presença portuguesa e os dois outros orientais, embora populares na Roma republicana e imperial. A rede com cortinas, travesseiro, para que se viajasse

---

* Edição atual – 2. ed. São Paulo: Global, 2003. (N.E.)

resguardado, em pequenas jornadas, chamou-se "Palanquim de Rede". No Brasil resistiu até a segunda metade do século XIX.

Há o nome de TIPOIA. O padre Fernão Cardim informava que os indígenas "amão os filhos extraordinariamente, e trazem-nos metidos nuns pedaços de redes que chamão *typoya*". Era, visivelmente, uma faixa para segurar a criança. Com essa acepção *tipoia* é charpa amparando o braço doente, poupando-lhe movimento. A *mão na tipoia, o braço na tipoia*, comuns no vocabulário popular. Mas TIPOIA é rede pequena, pouco cômoda, de qualidade inferior mas rede de dormir. É termo vulgaríssimo pelo nordeste. Lacerda e Almeida regista, no Mato Grosso, "as tipoias que são como umas túnicas sem mangas, feitas de algodão" (1788).

O português não levou a REDE e menos ainda a TIPOIA para Portugal e sim para os domínios asiáticos e africanos, insulares e continentais.

Tipoia é vocábulo indígena? Stradelli informa: "*Tipoi*, tira de tauari ou de envira, que serve para fazer o amarrilho do paneiro que se leva às costas, preso à frente. O atilho que serve à mulher indígena para carregar o filho a tiracolo, ficando com as mãos livres para trabalhar. *Tipoia* (é nheengatu?) – rede para dormir, muito ordinária (Solimões). Camisa de dormir." Antônio de Morais Silva (1764-1824), que foi senhor do Engenho Novo de Muribeca, em Jaboatão, Pernambuco, não registou Tipoia no seu *Dicionário* senão como "Palanquim de Rede". Devia tê-lo entendido na região onde é vulgar. Pelo registo de Fernão Cardim e Stradelli, Tipoia será perfeitamente do idioma tupi.

Inicialmente, pela África, Tipoia era a rede suspensa ao varal e conduzida pelos negros, como aparece na gravura de Pigafetta, circulando no reino do Congo nas últimas décadas do século XVI. Depois, século XVII ou finais da centúria anterior, denominou-se MACHILA, MAXILA (já citada em Sofala por Frei João dos Santos em 1586), desde a fronteira portuguesa de Moçambique, Angola, Guiné e as ilhas, Madeira, Cabo Verde, Açores, São Tomé. Heli Chatelain no fim do século XIX, antes de 1894 e depois de 1885, em Angola, assim descrevia a Tipoia: *For long marches through the bush, it* (a MAXILA) *is replaced by the* TIPOIA, *which is a hammock hanging from a strong bamboo pole, to which a dais or canopy is fixed so as to protect from sun and rain.* É exatamente o "Palanquim de Rede" ou simplesmente a *rede* transportadora da aristocracia rural brasileira. Assim viajavam pela África Oriental e Ocidental, notadamente enfermos e feridos, até poucos anos mas denominando-a MAXILA. Mesmo em quimbundo a Tipoia diz-se *uanda*. Na *Gramática de Kimbundo*, do Prof. José L. Quintão (Lisboa, 1934) leio: *Muene ua-ng'-ambatesa mu uanda*: "ele mandou-me levar na sua tipoia". Era termo usual para os brancos e não para os pretos que criaram um vocábulo equivalente. Em Portugal dizia-se Tipoia o carro menor e rápido, mais leve, ou pejorativamente velho, estragado, reles.

No Brasil denominou-se SERPENTINA o Palanquim de Rede, mais confortável, cortinas longas, franjas, almofada de seda, veículo das velhas donas senhoriais ou moças donas donairosas. Vendo uma dessas, alvoroçou-se Gregório de Matos na igreja de São Gonçalo na Bahia:

> Estava eu fora esperando,
> Que o clérigo se revista;
> Quando pela igreja entrou
> O sol numa "serpentina".

Ces hamacs de coton s'appellent "Serpentin" (non pas Palanquin, comme disent quelques Voyageurs), ainda em 1714 criticava o francês Amadeu Francisco Frezier que visitara a então capital do Brasil.

A REDE de transporte continuava, modesta e útil:

> E impondo o vulto na rede,
> Comecei de caminhar.

Ao lado da onipotente REDE, de sono, preguiça e transporte, a cadeirinha, cadeirinha de arruar, era a característica por todo o século XIX brasileiro. Em novembro de 1858, Avé-Lallemant reparava na cidade do Salvador: "A mim pelo menos parece que o inevitável meio de condução da Bahia, as cadeirinhas, eram como cabriolés nos quais os negros faziam as vezes de cavalos." Valiam a onipresença oriental do *rickshaw* de rodas, o veloz *riquixó*, corrente na ilha de Moçambique, puxado por um preto. Ainda em 1889, ano em que se proclamou a República, Cardoso de Oliveira descrevia a cadeirinha na capital baiana: "... a velha, que deixara a senhora na porta do Convento, voltava do beco dos Aflitos com uma cadeirinha de transporte, uma espécie de palanquim antigo, mas formado por grossas cortinas de pano escuro com arabescos dourados, de forma quase oval, tendo duas hastes de madeira salientes para trás e para a frente, que descansavam nos ombros de dois robustos pretos africanos. Para aliviar o peso, seguravam a extremidade de um pau roliço, fazendo alavanca no ombro livre, e cruzando a outra ponta por baixo com a haste da cadeirinha. A "mulher de capona", com muitas zumbaias, ajudou a senhora a sentar-se, correu as cortinas de um lado e, postando-se do outro, seguia a pé, conversando com ela. Um gênero de condução muito original, aventou Ricardo. – É ainda um legado colonial, que já se vai acabando, informou Álvaro. – Hoje quase exclusivamente reservado ao transporte de doentes, acrescentou o pai" (*Dois Metros e Cinco*, 2ª ed., Rio de Janeiro, 1909).

A MAXILA, para Chatelain, *is a kind of palanquin with either side open or screened by curtains. It is used by the whites and well-to-do natives in the Portguese towns of West Africa*. Para jornadas curtas empregava-se a Maxila e, para as longas, a Tipoia. É o registo de Heli Chatelain, residente em Angola, observador fiel. *The fact that Nzuá uses a maxila shows that his residence was in the neighborhood of Loanda*. Fosse maior o percurso, empregaria a Tipoia.

Em 1797 o governador Lacerda e Almeida escrevia de Quelimane: *só em manchila se pode sair para fora de casa*. Essa distinção tornou-se inexistente e mesmo, ao redor de 1920, dizia-se unicamente MAXILA, referindo-se à REDE de transporte. A Tipoia, vocabularmente, desaparecera. Ninguém dela me falou em Angola ou Moçambique.

Maxila, machila, machira, manchila, eram mantas tecidas de algodão. Obra das mãos cafres.

Já não usam a Maxila e parece ter havido proibição oficial. *Imprópria machila,* diz o almirante Sarmento Rodrigues, que governou todas as províncias ultramarinas portuguesas. Pela Zambézia disseram-me ainda empregá-la em casos urgentes. Já em 1927, Cardinall afirmava para Nigéria e Gana, antigas Costa dos Escravos e Costa do Ouro: – *hammocking is to-day almost a thing of the past*.

Determinara um topônimo em Angola: Maxila, povoação em Quetá, Golungo Alto, distrito de Luanda.

O português levara-a do Brasil para a África Ocidental e Oriental. Duarte Lopez vira-a popular no Congo de 1577, transporte para soberanos e fidalgos. Frei João dos Santos, descrevendo as guerras dos Muzimbas na Zambézia, em 1952, informa que *os portugueses vinham diante do arraial dos cafres em machiras e andores* (*Etiópia Oriental*, II, XVIII), denunciando redes e palanquins, vulgarizados mesmo numa tropa militar em marcha de combate.

Ficou a rede-de-transporte na ilha da Madeira até a primeira década do século XX. A rede servindo de leito foi sempre insignificante e lentamente desceu até a semitotal ausência nessa aplicação. A cama é o leito normal do "branco" e praticamente nenhum preto dorme em rede. Dorme em cama rústica, estrado, peles de animais, esteira, palha forrada, mantas. *E o mais ordinário neles é dormirem no chão,* escrevia, dos cafres do Índico, Frei João dos Santos em 1586. A rede ficou sendo o cômodo e natural veículo de viagem para o europeu. Os soberanos e potentados africanos possuíam o aparatoso palanquim, o *andor* para frei João dos Santos, em que compareciam às festas. A inclusão das redes nos atributos do cerimonial só ocorreu onde o português desfrutava influência econômica e militar, Congo, Daomé, El Mina, a Mina em Gana, e pelas costas, do Marfim, dos Escravos, do Ouro, da Pimenta. Um centro irradiante fora Ajuda, Ajudá, Ouidah, Whydah, com sua *corporation des hamacaires*, transportadores excepcionais. A tradição é que o Brasil seguia exportando redes para a África como ainda em 1820 vendia-as do Rio Negro para as Antilhas. Na primeira metade do século XVIII Jean Baptiste Labat podia informar que *les plus beaux hamacs viennent du Brésil*. Os mercados distribuidores seriam Luanda e Ajudá. Creio muito pouco nas indústrias africanas da rede no plano da suficiência.

Os grandes viajantes pelo continente africano, Livingstone, Stanley, Wissmann, Cameron, Speke, Burton, Schweinfurth, não aludem à rede ou a mencionam em terras de pegadas lusitanas. Normalmente para passeio e viagem. Lacerda e Almeida, Gamito, Serpa Pinto, Capelo, Ivens, etc.

O Prof. K. G. Lindblom (*The Use of the Hammock in Africa*, Estocolmo, 1928) pesquisando o assunto distinguiu, quanto ao uso da rede, duas áreas. A primeira: *In the Lower Congo and Loango, and on the Slave and Gold Coasts – and apparently also on the Ivory Coast – it is practically used exclusively by kings, chiefs, and distinguished people generally. To the great masses of the people it does not seem to have descended.* A segunda *consists of Liberia and Sierra Leone, and surrounding regions. Here it is used not only as a travelling conveyance but also, and perhaps mainly for resting is, though hardly as a bed at nights but for siesta, whether it be in the home or in the palaver-house of the villages.*

Antes de 1600 a rede, como meio de transporte, o *hammocking*, estava do Congo no Atlântico à Zambézia no Índico. Decorrentemente pelo Sudão e Niger.

O Brasil ficou, através do tempo, fiel ao uso da rede, utilizando-a para dormir a possível quarta parte de sua população total. Cerca de 600 fábricas funcionam, atendendo o mercado consumidor nacional. Não é uma "curiosidade" mas uma "permanente", básica em milhões e milhões de residências brasileiras. Como transporte desapareceu a serventia, exceto na condução de defuntos n'algumas regiões do alto sertão, nortista e sulista.

A rede não se limitou aos indígenas mas acompanhou o mestiço e a descendência branca contemporânea. Naturalmente os portos africanos de intercâmbio comercial mais intenso e contínuo com o Brasil foram as agências naturais dessa penetração, interrompida com a suspensão do tráfico de escravos, desaparecendo a navegação direta com a costa do poente africano.

O uso privativo para reis, chefes, fidalgos, afastando a divulgação popular, restringiu a rede a um ornamento de luxo e de etiqueta, facilitando o esquecimento. O uso, que nunca se tornara geral para o preto, quanto às suas finalidades tradicionais, dormida, descanso, jornada, resistiu na segunda metade do século XIX e primeira década do subsequente como transporte dos *brancos* pelo oeste e levante. Jamais figurara como elemento indispensável no interior da palhota africana.

Assim, em Luanda de abril de 1963, não havia uma única rede. Nem mesmo como objeto de exposição etnográfica. Um grande estudioso da cultura popular de Angola, Óscar Ribas, veio conhecer e deitar-se na primeira rede em nossa residência em Natal, 20 de dezembro de 1963, no Rio Grande do Norte, nordeste do Brasil.

Nilotenstellung e a Posição do Socó

Pelo NORDESTE do Brasil uma posição muito popular entre as crianças, e às vezes vista nos adultos, é pôr a planta do pé direito na face interior da coxa esquerda. Ou vice-versa. É um gesto de descanso embora pareça ser de equilíbrio instável. Nunca a consegui ver pelos sertões. Proíbe-se formalmente que uma menina a execute. Reprovam-na nos rapazes quanto mais nas moças. No povo era e continua sendo comum.

Quando minha avó materna encontrava-me "fazendo-o-quatro" na altura do joelho na outra perna, ralhava: *Desça essa perna, menino! ...Você não é socó!...* Socó é uma ave pernalta, aquática, Ardeidea, que costuma ficar longamente nessa posição estética, com uma pata mergulhada n'água e a outra encolhida. Dizem que a posição decorre duma imitação servil ao socó.

Quem não conhece essa técnica juvenil por todo o litoral brasileiro, notadamente da Bahia para o norte? Comum, diária e vulgar.

Como as cousas cotidianas se banalizam pela exibição normal, nunca dei atenção à posição do socó, corrente na cidade do Natal.

À volta de 1947 li no suíço Fred Blanchod que, para os Chours, do Nilo Branco, "a sua posição favorita é pousarem no chão só um dos pés, apoiando o outro na face interna da coxa: conseguem o equilíbrio apoiando-se a uma lança". Lendo o *Índios do Brasil*, do general Cândido Rondon (Rio de Janeiro, 1946), deparei com duas fotografias, de Nhambiquaras, norte do Mato Grosso, e Parintintins, da bacia do Madeira, alguns indígenas nessa confortável situação. A posição do socó estava no Nilo Branco, África setentrional, e norte do Brasil, com os testemunhos pessoais de uso nordestino e banal.

Por intermédio da Embaixada do Brasil na Suécia, recebi o estudo do Prof. Gerhard Lindblom, *The One-Leg Resting Position (Nilotenstellung) in Africa and Elsewhere* (Estocolmo, 1949). É a informação básica no assunto. Na forma habitual da indagação, procurei saber da existência da *One-Leg Resting Position* na Espanha e Portugal, poderosas fontes de costumes brasileiros. O Prof. Dr. A. Castillo de Lucas pôs a sua erudita prestimosidade ao serviço de minha importunação. Ouviu ainda Pilar García de Diego e Nieves de Hoyos Sancho, etnógrafas eminentes. No essencial, informava--me: "No existe esa posición de descanso en una pierna sola de una manera general. Personalmente no conozco más que la de estar con una pierna apoyando la otra doblada con el pié puesto en la pared. Pilar García de Diego me dice sin poderlo precisar si fué en el norte de Castilla y León o en Asturias (de todos modos son zonas limítrofes montañosas y frías) en las que ha visto a los pastores en la cocina del pueblo apoyarse en la forma que Vd. dice, pero sosteniéndose en la pared y apoyando el codo en la rodilla doblada y el pié de ese lado en la rodilla opuesta tal como Vd. la dibuja, pero siempre, repito, apoyándose en la pared, no sosteniéndose en un pié como las grullas. Nieves de Hoyos no conoce tampoco esa posición como habitual en nuestros campesinos" (Carta de Madrid, 23-XII-1959).

O grande etnólogo da Beira, mestre Jaime Lopes Dias (Lisboa, 10-XII-1959), mandou o gentil depoimento: "Quanto à consulta, sobre a posição de pôr o pé na altura do joelho da outra perna, nada conheço nem sei que tenha existido em Portugal. Posição parecida existe e pratica-se entre nós, em todo o país, para saber se uma pessoa está *bêbeda*, *etilizada*, e a que chamam *fazer o quatro*. Mas então a perna direita não assenta sobre o joelho da perna esquerda mas cruza-se com esta perna na altura do joelho ou um pouco acima. Se a pessoa está bêbeda dificilmente se equilibra nesta posição!"

Temos no Brasil, e com idênticas finalidades, verificadores, o *fazer o quatro*.

Luís Chaves, doutor em borla e capelo da cultura popular portuguesa, não me negou o auxílio, numa amável carta de Lisboa (7-XII-1960): "Demorei resposta à consulta de 27-XI-59, porque me proporcionou um pequeno inquérito entre gente das pesquisas etnográficas e gente do povo pesquisado: as respostas levam tempo e algumas nem chegam a vir. Que apurei? Apenas isto: – descanso de um pé sobre o joelho da outra perna pode ter havido por cá; hoje, porém, não se verá senão isoladamente e mais como prova de habilidade do que por hábito: o que mais se aproxima da posição de cegonha, ou do *Nilotenstellung*, é a de o homem se encostar a uma parede, equilibrar-se numa perna e dobrar a outra até assentar a sola do pé na parede; disse um dos inquiridos que, se a cegonha levanta ora uma ora outra pata, a modos de dança, também os dançadores do fandango ribatejano parecem cegonhas, quando em ritmos da dança levantam alternadamente os pés, parecendo por vezes que ficam no ar. Pelo visto, não posso servir V. S. com informações e fotografias."

Por essas notícias, generosas e definitivas pela autoridade dos informantes, não tivemos o nosso *jeito do socó* originado em costume espanhol ou português.

O estudo do Prof. Gerhard Lindblom permite fixar o itinerário do motivo. Começa entre os felás de Luxor, distrito de Hizâm, no Egito. Praticam essa *favourite attitude of rest* os Bisharin, Hadendoa, Beni Amer, Soho à margem do Mar Vermelho e mesmo os Somalis do cabo Guardafui. Do Egito, essa *resting position* desce pelo Sudão, adensando-se nessa região e Etiópia, vindo pelo interior de Quênia e Tanganika, derramando-se nos bantos centrais. Para Moçambique vai rareando, notada entre Chonas e Angonis, e pelas Rodésias.

Do seu maior centro irradiante, Sudão-Etiópia, não avançou notadamente para oeste. Grandes zonas do Congo não foram notadas. Pelo Atlântico, em Angola, marcam-na nos Kuanyamas (Cunhamas), Humbe (Masumbe), Batshioco (Quioco) e Bayaka (Iaca). Para o poente, acusam-se os pigmoides Babongo das florestas ao norte de Sibiti, no antigo Congo Francês; Wuta do Camerum; Kona da Nigéria; o imediato Lobi; o Guro da Costa do Marfim; Gola da Libéria; Mandi, mandinga da Guiné e Niger; o Sussu da Serra Leoa vindo desde o Senegal a Angola onde é o Damba. Cita-se o Coniagi *in Portuguese Guinea*, que não consigo identificar entre os grupos contemporâneos dessa província. Visitada em 1963.

Ainda não existe bibliografia esclarecedora para a África setentrional e austral.

Pela Ásia, encontraram-na na Índia central do oeste, Estado Barwani, nos pastores Rajput; em Betul, com hindus e Gonds; *coolies* de Bombaim e Karachi; faquires em certas atitudes orantes em Calcutá; acrobatas em solução ginástica em Tarikeri, Mysore. Identicamente entre Vedas, Toradja, do Ceilão; Nagas Konyak de Wakchin. Na China foram vistas em Pekim, Taiyuanfu, Shanghai. Também pela Nova Guiné, nos Papuas, adultos e crianças de Aroma, perto de Cloudy Bay, na ilha de Coutance. Na Austrália, nos Mangula de Kimberley. Nos Kenta, Semans de Peark e Kedah, na Malaia. Nas Celebes.

Na Europa, apenas nos ciganos Rudari ou Bagesi, de Zlacu ou La Glod, nos Cárpatos, entre Pietrosita e Sinaia, na Romênia.

Passa a *Nilotenstellung* a registar-se na América do Sul.

Anotam nos indígenas Chimila do rio Ariguani, norte de Colômbia; Nomaná-Chocó do rio Docordó, oeste colombiano; Siriono, do distrito de Casarabe, no leste da Bolívia. Na mesopotâmia Guaporé e Paraguai, Bolívia e Brasil, entre os Huari. Também no rio Pilcomayo, no Chaco boliviano, com os Ashluslay assim como os Lengua do Chaco Boreal. Incluam-se os Cainguás, vizinhos dos Guayaquis do Paraguai. Os Savajé apontados por Krause no rio Araguaia. E os dois grupos estudados pelo general Rondon, Nhambiquaras do norte do Mato Grosso e Parintintins da bacia do rio Madeira. Dos Nhambiquaras do alto Guaporé, Levy-Strauss divulgou uma foto com essa posição sem salientá-la. O Prof. Egon Schaden comunica-me gentilmente os Surara e Pakidai do rio Demini, afluente do Rio Branco.

A *one-leg resting position* mantém uma viva representação nas regiões mais diversas do mundo, África setentrional, oriental, central, ocidental, Ásia, Oceania, Austrália, Europa (o cigano da Romênia) e os grupos indígenas d'América do Sul. Uma investigação pela América Central e do Norte, fronteiras da Sibéria, talvez revelasse vestígios de esquecidas vias de penetração.

Segue-se um período de concordâncias e ajustamentos. A posição nilótica *only ro be practised by males, from young boys to old men*. Exato, excluindo-se o velho que não a usa. É uma prática de meninos e rapazes, adultos jovens. As meninas sabem perfeitamente a técnica mas há uma reprovação imediata. Dava-me a impressão de uma proibição religiosa, formal, provocando a defesa dos mais idosos sempre que houvesse a constatação no uso feminino.

Aqui pelo nordeste do Brasil não podia ocorrer a *resting position* para uma determinada classe ou profissão, notadamente pastores. Trata-se de uma ação instintiva, automática, de espectação, sem que influam anteriores capitalizações experimentais. Falo pela minha própria experiência, useiro e vezeiro nessa posição até os possíveis 15 anos.

Não vi em Natal nenhum adulto ficar nessa posição. Unicamente meninos e rapazes novos, até 18 ou 20 anos.

Publicamente, nenhuma menina será vista nesse modo do socó.

Tentou-se articular a posição com certas exigências religiosas, ligadas aos deuses ou espíritos unípedes, Luwe dos Bailas, Chermos dos Nandi, ogros dos contos populares do levante africano, e ritos de iniciação, anteriores ou posteriores à circuncisão, dos Iacas do sul de Angola e nativos da Austrália, permanecendo longamente, num pé só, perna dobrada.

O nosso único duende perneta é o Saci-Pererê, ausente do nordeste e norte do Brasil e que jamais possuiu culto. Não vive justamente na região onde a *One-Leg Resting Position* é mais popular e atual.

Teria vindo essa posição das populações ao derredor do Nilo, onde é mais comum e documentadamente existente, determinando a denominação.

Seguiram elas as migrações hamitas, do norte para o leste e deste para o sertão, rumo ao poente negro. Procura-se identificar, pela percentagem da influência nilótica, o uso plagiador das Ardeídeas.

Seriam esses hamitas os divulgadores no continente negro. E ainda do Nilo teriam passado para a Índia. Quase sempre o elemento cultural vem da China para a Índia mas agora processar-se-á o inverso. Egito-Índia--China e desta, e da Índia, a difusão para os mares do sul, até a Austrália.

Interessa-me a presença da posição nilótica, a *Nilotenstellung*, no nordeste do Brasil, não entre indígenas que não mais os possuímos nem ex-escravos negros que também não existem, mas em pleno uso popular, de brancos, pretos e mestiços, com a naturalidade de um hábito muitas vezes secular.

Não a recebemos por intermédio de europeus porque na Europa clássica, notadamente nas regiões formadoras da cultura popular americana, Espanha-Portugal, a *One-Leg Resting Position* não foi registada, oral ou impressa.

Acreditar que tivesse vindo pelo estreito de Behring ou Alêutidas, com os pré-mongoloides, será devaneio erudito.

Todos os indígenas sul-americanos que conheceram a *Nilotenstellung* tiveram contato cultural com os negros africanos, diretamente pela aproximação dos quilombos, acampamentos de fugitivos ocultos nas matas, ou por interferência, de grupo-a-grupo, mesmo sem a intercorrência imediata. Animais e plantas cultivadas pelos europeus, nas primeiras décadas do século XVI, dispersaram-se, atingindo os recantos mais longínquos, vivendo no ambiente das tribos mais recuadas e arredias ao convívio dos brancos. A banana (*Musa sapientum*), o inhame (*Diocoreáceas*), os cães, os galináceos, foram os melhores exemplos.

O Prof. Lindblom, sabiamente, adverte: *In any case I find it difficult, in this connection, to link together South America and Old World*. Não houve, realmente, conexão alguma nesse ângulo. O *missing link* foi o escravo africano do século XVI. Negros d'África Ocidental, bantos e sudaneses, trouxeram essa *resting position*, especialmente *without any support*, característico.

Qual a origem da posição? *It is obviously no attempt to imitate wading-birds that stand on one leg*, opina o Prof. Lindblom.

Parece-me não ter tido outra origem ou pelo menos outra sugestão imitativa mais poderosa e plausível. A posição provoca inevitavelmente a imagem comparativa das aves pernaltas que ficam, horas seguidas, com uma perna encolhida, à beira d'água. Pelo nordeste do Brasil a ave escolhida pela semelhança foi o socó, da família das Ardeídeas, com muitas variedades, entre essas o Socó-Boi, *Tigrisoma brasiliensis*, vulgar.

Vimos que a velocidade inicial da posição, em zonas geográficas, partiu das orlas do Nilo, abundantíssimas em pernaltas, algumas divinizadas. Todos os demais grupos imitadores, em alta maioria, fixaram-se ao lado dos cursos fluviais, em qualquer situação estudada, África, Ásia, mares do Sul, Austrália, América Austral. Nenhuma dessas tribos deixou de possuir um rio lindeiro da povoação. Nem um povo sem água próxima, sem a fácil utilização dos rios e dos lagos, os povos do deserto, bebendo nos poços exíguos, nas cacimbas perfuradas no areal, nas cisternas de reserva, conheceu a arte de ficar nessa curiosa posição. Nesses casos materiais não há igualmente ambiente para as pernaltas cismarentas, de perna dobrada.

Por que a representação humana da atitude não recordaria o modelo ornitológico, comum, visível, habitual aos olhos cotidianos do povo? Uma explicação clássica indica o animal como iniciador de certas atividades humanas. Na eleição de frutos e raízes, na técnica de subir às árvores, na iniciativa da natação, e mesmo para defender-se, primariamente, arrojando projéteis, o animal fora o esboço, o anterior mestre instintivo.

A posição acocorada, o estar de cócoras, o inglês diz *to be duck*, imitar, ser como o pato. Por que não dariam os Ardeídeos do Nilo Branco, aceitando o dogma difusionista, a sugestão imediata e denominadora para o *Nilotenstellung*? E quem provará que outros povos desconheceram essa *resting position* até que descessem as emigrações hamitas divulgadoras? *Ça n'empêche pas d'exister*, diria Charcot.

Inventor nilótico, concedo, mas africano-negro o ampliador e foi esse, para mim, o transmissor da *One-Leg Resting Position* para a América do Sul. A única prova expressa em contrário será um autêntico desenho pré-colombiano. É bem possível surpresa pela América Central, insular e do Norte, não investigadas.

Para o Brasil, mercado consumidor de milhões de escravos bantos e sudaneses, o caminho não me parece outro e ainda menos provável um diverso portador. A presença das pernaltas brasileiras avivou a lembrança da posição querida e velha, fazendo-a uma permanente nas populações mestiças e brancas do nordeste.

A Saudação Africana

"A tout seigneur, tonte honneur!"

Qualquer estudioso de Etnografia sabe que bater as palmas das mãos e erguer o braço foram as mais antigas manifestações do regozijo humano. Ninguém ensinou nem o costume obedeceu às leis da transmissão difusiva. São gestos instintivos e que tiveram, há milênios, significação que se foi ampliando ou perdendo no decurso dos séculos.

Foram os movimentos de braços e mãos, mais visíveis e compreendidos, as homenagens iniciais de homem para homem, como contemporaneamente ocorre. Os gestos com a cabeça, na intenção da vênia, teriam vindo posteriormente. As saudações com os braços, mãos agitadas, e depois com a cabeça constituem o nosso cerimonial obrigatório na exigência do convívio *of human beings as creatures of society*, como a senhora Ruth Benedict definia a Antropologia.

Se pensarmos que há mais de duzentos anos que o homem não conseguiu "inventar" um cumprimento novo, teremos a impressão de sua presença significativa na quarta dimensão.

As saudações de mão, os dedos em determinadas posições, valendo uma cortesia integral, estão indicando estágio mais adiantado na convenção da etiqueta. J. H. Farquhar estudou na África do Sul, acentuadamente, a significação das saudações com a mão e os dedos, numa gradação correspondente aos níveis da chefia negra. *Les honneurs changent les moeurs*.

Todos os orixás jeje-nagôs possuem vênias especiais, com denominações próprias. As prosternações, já registadas pela África ocidental no século XV, resistem no ritual dos candomblés na Bahia, no *dobalé* e no *iká*, obrigando o devoto de santo masculino a ficar de bruços ante o Pai de Santo ou Mãe de Santo, caso do *iká*, ou apoiando-se nos quadris e antebraço, tocar o solo com o lado direito e depois esquerdo do corpo, se possuir santo feminino, ritmo do *dobalé*. Nos grupos hierarquizados pela função religiosa ou política a iniciativa da saudação por parte do subalterno é condição fundamental. Não descobrir-se na passagem das imagens em procissão não era apenas pecado mas crime de omissão, delito punível sem remissão.

Esses atributos vivem ainda na África negra com a natural intensidade compreensiva, indispensada, básica para o edifício social.

Ninguém se adverte da antiguidade usual desses gestos diários. Agitar os dedos em *adeus, como vai? Bom dia!* O valor poderoso da saudação militar, a mão na pala do quépi. A mão na fronte como um cumprimento entre soldados e para os superiores, era comum na Roma Imperial e temos seus registos nos camafeus e vasos documentais.

Ainda hoje aplaudimos batendo as palmas. Aquela percussão terá uma força de expressão convencional tão profunda que nenhuma modificação de cultura, revolução social ou estado de progresso conseguiram anular. Porque bater as palmas seja uma aprovação, um ato de solidarismo coletivo, é que não sei explicar, justamente pela abundância das interpretações eruditas. O fato notório é que na era da desintegração atômica o homem aplaude como há milênios e não sabe por que choca as duas mãos, obtendo esse barulho que enche de alegria íntima o homenageado. Por toda a África o preto dá as palmas na mesma intenção do resto do mundo. Não aprendeu com os árabes nem com os europeus. Os primeiros viajantes registam os negros batendo palmas. Forma mais primitiva e comunicante de saudar e exprimir concordância. Num plenário da ONU não há fórmula diversa. Nem são dispensadas na recepção de nenhum Chefe de Estado.

Entre os indígenas brasileiros o processo era idêntico. Notadamente para o povo tupi, elemento histórico mais importante na formação étnica e na elaboração cultural do povo. As aclamações eram denominadas *pocema*, de *po*, mão, *cema*, rumor. Parece-me suficiente e claro.

Erguer o braço seria gesto de caçador, decorrentemente de guerreiro, levantando a lança, afirmando-a estar ao serviço do aclamado. Entre bantos e sudaneses é a saudação mais corrente e natural nas estradas. Para as mulheres bater as palmas, reparo de Lacerda e Almeida na Zambézia do século XVIII. Inútil lembrar a universalidade do gesto pelos povos que caçam e guerreiam, seja qual for a região do mundo. Os "civilizados" não puderam ainda libertar-se do automatismo dessa saudação. A saudação universal é uma concordância de gestos da cabeça e do braço. O africano, verdadeiro e natural, ergue o braço, levantando a invisível lança gloriosa. *Baiéte!*

O aperto de mão estava ausente do Brasil velho assim como n'África negra e verídica. É uma influência europeia. Ainda em 1884 os Bacairis dos arredores de Cuiabá ignoravam o aperto de mão, surpreendendo a Karl von den Steinen. Naturalmente os historiadores e poetas antigos, Homero, Heródoto, Tito Lívio, Tucídides, Tácito, Teócrito, Aristófanes, os trágicos gregos, registam, como cumprimento, pacto, promessa. Creio que os romanos conheceram depois da conquista do Mediterrâneo, da Ásia mais próxima. A saudação romana não compreendia, outrora, o aperto de mão. Era o braço em diagonal. O aperto de mão terá um conteúdo psicológico mais intenso, mágico pela transmissão da força comunicada, afirmação pela intensidade da pressão enérgica. Erguer o braço era mais simples, mais notório e ornamental no movimento de conjunto. Curiosamente seria o romano o propagador do aperto de mão pelas terras onde suas legiões levaram a loba de bronze dominadora.

O beijo-saudação é uma presença de épocas históricas e foi exportado para Grécia e Roma pelos cultos orgiásticos de Vênus, partindo das regiões sagradas, Pafos, Citera, Lesbos, Chipre, santuários venusinos. O romano, muito mais do que o grego, consagrou o beijo-carícia na abundância de uma literatura erótica incomparável. Passou para a Ásia Menor e orla setentrional africana. Sua presença n'África do leste e oeste não é sensível. A multidão dos ornatos labiais negros impossibilitava o beijo. É a mesma razão para o ameraba que também não tem um vocábulo para traduzi-lo. Pela África ocidental e oriental o beijo é uma denúncia de cinco séculos históricos, do XVI em diante.

A saudação espontânea é exibir a palma da mão aberta. Dirá que está sem armas ou poderá ter outro sentido. Nós não possuímos documentação confidencial africana explicativa. É uma razão de europeu, segundo a imagem e semelhança de sua cultura.

O abraço não é vulgar n'África como não é no Brasil caboclo e popular. O mais vivo e comum é a batida com a mão no ombro, rápida, afetuosamente. O abraço é herança "branca" e urbana. Nas feiras, mercados, festas, nas ruas, nas visitas de aldeias, tanto n'África como no Brasil sertanejo, quase nunca presenciei um abraço. Sempre batia-se no ombro, com um sorriso. Ou agitava-se a mão aberta.

Vi centenas e centenas de mulheres africanas com seus filhinhos. Ficavam alisando, lentamente, cabeça, faces, ombros, tórax. Beijavam, na maioria, as mestiças e moradoras ao derredor das cidades. As outras, em percentagem decisiva, punham as narinas no pescoço ou cabeça dos filhos, aspirando-lhes o querido aroma peculiar, essência de valor incomparável para elas. Essa carícia olfativa é popularíssima no Brasil onde a dizem *cheiro*. O português trouxe da China onde não há beijo e sim essa aspiração amorosa, também existente entre os esquimós (R. F. Peary, *My Arctic Journal*, Nova York, 1893; Wenceslau de Morais, *Traços do Oriente*, Lisboa, 1895; Luís da Câmara Cascudo, *Superstições e Costumes*, Rio de Janeiro, 1958). Não posso informar se o *cheiro* teria vindo da China, via Índia, para a África Oriental. O árabe não o tem e sim abraço e beijo, tão cantados nos seus poemas capitosos. Ignoro sua aclimatação em Portugal.

Compreende-se que o preto africano tenha aproximação europeia desde finais do século XV. Regras de etiqueta branca penetraram o protocolo negro, insensível e teimosamente. Tendo-se presente as velhas fontes de informação, as narrativas dos séculos XVI-XVII e os primeiros livros de viagem do século XIX e finais da centúria anterior, é possível dar o natural desconto às notícias contemporâneas, notadamente quando o viajante entende de dizê-las tradicionais e antiquíssimas. D. Domingos José Franque, Boma Zanei-N'Vimba, um príncipe na Cabinda, afirma que o branco trouxe o aperto de mão (*Nós, os Cabindas*, Lisboa, 1940). O capitão Coquilhat regista aperto de mão no Alto Congo. Seriam imitações negras e não atos de saudações velhas. O maior registo de Stanley é justamente o negro passar a mão no ombro do companheiro, como fazem os matutos e populares brasileiros contemporâneos.

As palmas soam como saudação e ritmo lúdico por toda a África. É concordar.

As posições submissas de humilhação sagrada ou de reverência aos potentados negros estão funcionalmente desaparecidas. Uma ou outra resiste nos atos religiosos. Prosternação, ajoelhar-se com os braços estendidos, deitar-se batendo as palmas, pôr areia na cabeça, esfregá-la no peito, rojar-se pelo solo, calcando um e outro ombro no chão, de pé com os dois braços erguidos vertical ou horizontalmente, tocar com a testa no solo, abraçar os joelhos, são algumas das intermináveis fórmulas das saudações às majestades orientais, sultões e califas árabes, comunicadas durante as invasões militares ou reminiscências dos soberanos mouros da orla levantina, desde o século XV. Cerimonial do norte e do leste.

Como *uomo qualunque* o africano conhece todas as formas de saudar e emprega-as oportunamente. Gosta muito de fazer a continência militar porque lhe empresta a sensação de rápida autoridade suficiente. Será uma herança colonial do europeu fardado, comandando todas as atividades negras.

Para os *munés*, os pretos maometanos, musulmis, acontece, às vezes, a mão tocar a testa, repetindo o início do salamaleque clássico. Mas tocar na testa e saudar, é modo comum, significando o *adeus* para o popular e mesmo elementos de classes mais altas no Brasil. É de fácil constatação diária.

Nas escolas e infantários as crianças saudavam como as colegas de qualquer educandário moderno. Nas aldeias, mercados do sertão africano, ao longo das rodovias, sempre as vi agitando as mãozinhas, uma e mesmo ambas, com os dedos abertos, talqualmente nos grupos infantis ou pré--maternais brasileiros. Nenhuma modificação.

Nas apresentações normais o africano tem uma leve inclinação de cabeça e ombros, retomando a vertical. A inclinação maior, dobrando o corpo, quase em ângulo de 45°, reservam para as autoridades e os sobas, os reis de amizade tradicional. Toda semelhança com o que se vê pela África setentrional, de Marrocos ao Egito, entre o povo, encontrando os seus chefes históricos ou com insígnias de mando, fardados ou não, mas identificados por eles. Essa saudação mais profunda, mais acentuadamente curvada, bem característica do oriental, não se aclimatou no Brasil. Em nenhum elemento do povo existe essa vênia. É, entretanto, sabidamente vulgar pela África do Índico e do Atlântico. Mesmo para bantos não fiéis ao Deus Clemente e Misericordioso.

A propaganda muçulmana é poderosa por toda a África de leste e persistente pelo Atlântico. Quando estava na Guiné Portuguesa instalou-se (maio de 1963) uma mesquita no Gabu, cerimônia com inúmeros fiéis que tinham feito várias peregrinações a Meca e tiveram o primeiro lugar. O ritual é exigente e o devoto, na vida civil, repete meticulosamente os gestos tornados indispensáveis para saudar, alimentar-se, expor ou simplesmente conversar. A saudação é uma das primeiras influências, advindas das orações diárias, fatalmente obedecidas. Daí a curvatura mais profunda e a mão na testa. *Salam!*...

Balançar unicamente a cabeça, saudação mínima e glacial das cidades--grandes do mundo, não há pela África como ainda não ganhou vulgarização no Brasil. Tive ocasião de falar com vários sobas na Zambézia, Gaza, Lunda, Cabinda, Guiné. Todos iniciaram o cumprimento curvando a cabeça e os ombros e descrevendo com a mão semiaberta uma elipse. É a saudação árabe de "boas-vindas".

Não vi, mas há e ainda popular, curvar-se com as duas mãos cruzadas no peito. Submissão. Acatamento ao superior hierárquico.

Abraçar pelos joelhos dizemos no Brasil *abraço de cigano*, humilde, de servo pleiteante. Era a suprema imprecação. Heitor, morrendo, suplica, *pelos joelhos* de Aquiles, uma sepultura (*Ilíada*, XXII). *Genua amplectar*, exclama Acroteleutia no *Miles Gloriosus*, de Plauto. O senador Haterius fez tombar Tibério, abraçando-lhe os joelhos, *Tiberii genua advolveretur* (Tácito, *Anais*, I).

A raridade do preto africano estender a mão não me parece vestígio impositivo da disciplina colonizadora e sim influência árabe decisiva. O hábito de inclinar a cabeça ou curvar-se ligeiramente, segundo a tradição oriental tão viva na orla do Mediterrâneo, institui para o africano a regra mais vulgar em que foi educado mesmo nas aldeias nativas. Nos mercados e reuniões familiares pelos sertões, jamais os vi apertar a mão, chegando para a refeição festiva que as danças complementariam. Saudavam-se com as vênias mais ou menos profundas. E guardavam, na relação da autoridade pessoal, um ar de gravidade melancólica que sempre foi, no Oriente, a forma típica da dignidade soberana, a face serena, impenetrável, superior à curiosidade do populacho. Para os velhos romanos a *tristitia* era um atributo do decoro magistral.

De modo geral a presença árabe é mais sensível nas saudações dos pretos do que a modificação europeia. Era anterior na região. Nas cidades, arredores dos centros industriais, o africano é um operário, camponês, agricultor, como outro qualquer, nas relações cotidianas com os "brancos" ou administradores de cor mas exercendo funções ligadas à economia sistemática. As minhas observações tiveram o critério da anotação nos povos do interior, dos campos, das aldeias e das cidades menores ou pequenas indústrias, com habitações independentes e sem a necessidade do contato citadino. O preto nas plantações de chá no Guruê não é o preto morador nos Musseques em Luanda. O lenhador de Maiombe é figura diversa de um fâmulo em Nampula. Os pretos de Mansoa estão distanciados dos *monhés* da ilha de Moçambique ou dos lavradores de Mussuril. Alguns, residindo nas aldeias legitimamente africanas, têm interesses nas cidades e essa contiguidade é um fator diferencial. A população residente ao redor dos rios represados, fornecedores de energia elétrica, com canais de irrigação, têm posição psicológica, na mecânica das soluções mentais, não iguais àquela que colhe água em poços ou nas bombas hidráulicas. Os pontos de concentração diária não coincidem no horário e mesmo nos elementos que vão buscar água. Onde o líquido é transportado em barris rolantes ou veículos de tração humana ou animal e não nas vasilhas seculares, a conversa popular, especialmente entre mulheres, sofre transformações e, creio, modificações no temário. As mulheres que buscavam água, voltando de fábricas ou plantios industrializados, falavam sem saudar, imediatamente à chegada, sem perder tempo. A preta das palhotas tradicionais, a mulher-de-sua--casa, agitava a mão saudando e conversava mais longamente.

A importância da saudação ainda conserva alta significação social para o africano quando rapidamente decresce para o europeu e americano. As vênias cordiais nos encontros, as frases clássicas, limitam-se ao sorriso e ao quase imperceptível movimento de pescoço. "Um português bem--educado nunca usa do simples aceno de cabeça", reparava John Luccok no Rio de Janeiro de 1808. Passamos hoje entre rosnados amáveis, *How? Well! Ai!*, ou o semiuniversal *alô*, interjeições e coriscos, *Am! Hum! Hein? Bom? Então?*

O sorriso africano é mais comunicante e natural. Vai perdendo a força contagiante na razão inversa da conquista econômica. Pela África do Índico e do Atlântico reaparecem antiquíssimas maneiras de saudação, apertar o polegar, a própria mão ou beijá-la, comuns pela orla setentrional mediterrânea, mais vivamente em Marrocos.

Mantém-se, no rigor da obrigatoriedade, para as classes militares, a continência regimental cuja ausência é punida disciplinarmente. Saudar um preto pela continência vale uma dupla saudação. Encanta-o a oportunidade de retribuí-la.

Para o oriental, com maciça influência no africano negro, a reverência é um dever religioso, inseparável na sucessão das hierarquias. Cada posto social corresponde às vênias legitimamente devidas e ciosamente reclamadas. Não podem ser dispensadas porque são direitos sagrados, atributos inerentes ao patrimônio ritualístico. Não saudar a um superior equivale a uma agressão notória. É permitida a deserdação do herdeiro que negou a reverência ao ascendente, pai, chefe de família, tio. Não saudar a um "velho" é causa de justa reprovação. A saudação, *salutis*, expressa voto público pela continuidade da vida ao saudado. Não haverá compreensão para seu esquecimento ou esquivança.

A sempre viva divulgação muçulmana, preto de roupa talar, turbante e placas de metal ao pescoço, com versos do Alcorão, amplia a indispensabilidade da saudação, elemento da própria identificação fraternal.

Quando um preto vai substituindo as curvaturas pelas fórmulas verbais, quase invariáveis na rápida troca de ditos formais, aproxima-se da uniformização ocidental pelo exemplo "branco". *Sapéra! Bá, á, caué*, responde o outro. *Calungá! Caué*, retrucam. *Laripó! Tuénde, cá*, contesta-se. São modelos cafres e em Luanda. Está ficando "branco"...

Luanda! Luanda!

> "... eu gosto de Luanda a
> horas esquecidas..."
>
> A. Neves e Sousa (Batuque).

Não acredito que nenhuma cidade deste mundo esteja nas cantigas brasileiras como Luanda.

Nos hábitos, nas frases, na preciosa sinonímia da cachaça, a bebida nacional, vive, confusa e reconhecível, Luanda, Mamãe de Aruana, de Aluana, de Luana, de Aruanda, de Aluanda. Nos tempestuosos Maracatus do Recife, sacudindo a multidão, estrondo de tambores contagiantes, a grande voz uníssona atroa, inesgotável no solidarismo instintivo e lúdico:

> Rosa Aluanda, qui tenda, tenda,
> Qui tenda, tenda, qui tem tororó!

Ascenso Ferreira, cantando o Maracatu, só podia consagrar Luanda:

> Zabumbas de bombos,
> estouros de bombas,
> batuques de ingonos,
> cantigas de banzo,
> rangir de ganzás...
>
> Luanda, Luanda, aonde estás?
> Luanda, Luanda, aonde estás?
>
> As luas-crescentes
> de espelhos luzentes,
> colares e pentes,
> queixares e dentes
> de maracajás...
>
> Luanda, Luanda, aonde estás?
> Luanda, Luanda, aonde estás?

> A balsa no rio
> cai no corrupio,
> faz passo macio
> mas toma desvio
> que nunca sonhou...
>
> Luanda, Luanda, aonde estou?
> Luanda, Luanda, aonde estou?

Jaime Griz, evocando "Escravidão", regista um bailado bamboleado e lúbrico:

> Ê! baiana bonita,
> Vamos a Luanda,
> Que Dona Clara
> Foi quem mandou!
>
> Ê! vamos a Luanda
> Ê! zô! ê! zô!
> Ê! vamos a Luanda
> Ê! zô! Ê! zô!

Guerra Peixe estudou os *Maracatus do Recife* (S. Paulo, 1955). Luanda é uma obsessão temática.

> Princesa Dona Emília
> Pra onde vai? – Vou passeá.
> Eu vou para Luanda,
> Vou quebrá saramuná!
>
> Eu vou pra Luanda,
> Buscá miçanga pra saramuná!
>
> Vamos vê Luanda, ô miçanga,
> Chegô, chegô!
>
> A bandêra é brasilêra,
> Nosso Rei veio de Luanda,
> Ôi, viva Dona Emília,
> Princesa pernambucana!...
>
> Quando eu vim lá de Luanda
> Trusse cuíca e gougué...
> Quem brinca em Cambinda Estrêla,
> Êste baque é da Guiné!

Descarregando abacaxis na avenida Martins de Barros, diante do Hotel Lusitano, pelas madrugadas em 1924, cantavam os negros de Goiana:

> Vou-me embora pra Luanda,
> A vida lá é mió...
> Escalé de doze remo,
> Meia lua e meio só...

Jaime Griz recolheu canto de Maracatu, saudoso:

> Ê! aluê, aluê, aluê... lê!
> Lê! lê!
> Ê! Cambinda! Ê! Luanda!
> Ê! aluê, aluê, aluê... lê!
> Lá! lá!

Disse-me o poeta ter sido caso verídico de um negro escravo que, sonhando dançar na terra natal, era dificílimo de acordar. Debalde o Feitor gritava as ordens furiosas:

> Mas o negro não ouve
> A voz do Feitor.
> Está longe, bem longe,
> Em Cambinda, em Luanda,
> Pisando, gingando,
> No meio da negrada,
> A dançar,
> A cantar,
> E de lá não quer voltar.
>
> Ê! dindêro, dindêro, dindêro, tim!
> Ê! dindêro, dindêro, dindêro, tim!
> Dindêro, Tim, darará!...

Essa presença de Luanda no norte e nordeste do Brasil, mas não ausência noutras regiões, é floração obstinada e sobrevivência de sua poderosa interdependência humana e econômica com este território português d'América Austral. Reduzida às reminiscências da cultura popular, impregnada da influência africana, atualiza quanto de comum, profundo e natural existiu entre as duas possessões de Portugal. Impressionante porque Luanda permaneceu na memória coletiva e não no olvido das gerações contemporâneas.

Acabou o tráfico. Ficou a lembrança. Desde a segunda metade do século XVIII até as primeiras décadas do subsequente, Angola era mercado exportador e importador d'alta importância para o Brasil, três e quatro vezes superior ao comércio com a Metrópole. Os produtos brasileiros permutavam-se com as *peças* negras, povoadoras dos canaviais e peneiramento das areias auríferas, indispensáveis ao ímpeto ascensional recíproco. Mantinha-se uma intensa navegação direta. Esses interesses, crescendo em volume no tempo, aproximaram-se de uma unificação política, evidenciada durante a Independência. Angola, por dois dos seus três deputados às Cortes (Eusébio de Queiroz Coutinho Matoso da Câmara, angolano, e Fernando Martins do Amaral Gurgel e Silva) pensou seriamente numa união administrativa sob a égide do Príncipe-Herdeiro dos Braganças, Imperador do Brasil. Da continuidade econômica e elaboração desse plano, além e aquém mas, expõe nitidamente José Honório Rodrigues (*Brasil e África*, Rio de Janeiro, 1961), com expressiva documentação. Em Benguela as manifestações foram impressionantes. O interesse mercantil dividia-se funcionalmente entre Angola e as praças brasileiras, dominadas pelos negociantes lusitanos, todos possuindo "correspondentes" abastados em Luanda. Lisboa, sentimentalmente sonhada, ficava afastada e sem razões específicas de preferência material e rendosa em moeda efetiva.

Também a assiduidade do contato determinou n'algumas cidades angolanas, notadamente Luanda, uma fisionomia familiar aos olhos brasileiros. Uma semelhança tão flagrante que, atualmente, Luanda, transformada e moderna, ainda permite o delicioso encontro desses pormenores coincidentes.

Um técnico eminente, o arquiteto Fernando Batalha, residente em Luanda, ensina: "Não será para estranhar referirmo-nos com certa largueza ao Brasil, dadas as grandes afinidades e relações que existiram outrora entre as duas colônias fronteiras. Não era apenas o modo de viver e o ambiente climatérico que lhes davam características comuns: a própria arquitetura e urbanística dos dois territórios os identificava. Embora no Brasil e em Angola – como, aliás, noutras colônias portuguesas – se seguissem então os modelos metropolitanos, a verdade é que o contato da Mãe-Pátria com Angola se fazia quase exclusivamente através do Brasil. Assim, certas particularidades e diferenciações consequentes das condições próprias do meio tropical apresentam em ambas as regiões grande similitude, pelo que, em determinados aspectos, o que se refere a uma pode admitir-se para a outra. A evolução da arquitetura, da urbanização e da própria vida social, no Brasil colonial e em Angola, seguiu curvas paralelas e apresenta um panorama comum" (*A Urbanização de Angola*, Luanda, 1950).

Esse fascínio seria ainda maior quando viviam os negros angolanos. Os cantos dos maracatus devem constituir convergências dessas inspirações anônimas, cantigas esparsas entoadas nos eitos e terreiros das casas-grandes e que foram atraídas pela batucada do maracatu espaventoso. Na Cidade do Salvador, onde não há maracatu, Odorico Tavares ouviu aos negros pescadores do xaréu no Chega-Negro, carimbamba, saraiva, a toada evocadora, entoada em coro:

>Só, só,
>Eu venho só!
>Quando venho de Aruanda,
>Eu venho só!
>Eu deixei pai,
>Eu lá deixei vó!
>Só, só,
>Eu venho só!
>Quando venho de Aruanda,
>Eu venho só!

Os brasileiros nascidos entre Sergipe e Ceará sentirão esse ambiente nordestino em Luanda com maior acuidade que os filhos das demais províncias. Quase reencontros, de conhecidos velhos. Intervindo apenas a memória. Os angolas, congos, cabindas, adensaram-se nessa região, visíveis na permanência folclórica, contos, bailados, os *negros velhos* patriarcais, os "tios" denunciadores da materlinidade, o vocabulário, o ritmo do andar, o rebolado das negras ocidentais, o euforismo lúdico, o sereno bom humor, as manifestações festivas preferencialmente públicas, cordões, ranchos, embaixadas, o jogo da capoeira, a devoção a São Miguel, Oxóce dos jeje-nagôs, padroeiro dos capoeiras angolanos e padrinhos da fortaleza em Luanda, maior índice e tendência para dissolver-se na massa coletiva pela menor densidade coesiva dos clãs, comparada aos sudaneses.

Certamente Congo é uma palavra vibrante, de conteúdo sugestivo, mas é região e não núcleo, na limitação demográfica. O mesmo poder-se-á dizer da Guiné. Citamos mais como entidades majestáticas, funções de mando, individualizações geográficas.

>Eu sou rei, rei, rei,
>Rei do meu reinado!
>Maracatu lá do Congo,
>Lá do Congo,
>Nele fui coroado!

Luanda é a terra com os valores emocionais da evocação. Vive isoladamente, como célula independente e mágica de abstração e sonho. Um congo, um guiné, um cabinda, o próprio Angola, um moçambique, fixam tipos somáticos, espécies antropológicas, generalizações étnicas. Valores humanos. Luanda é sempre uma projeção lírica, um apelo à Poesia recordadora, fórmula de compensação ao sofrimento, recurso à saudade viajeira, atravessando as águas do mar.

>Adeus, mamãe de Luanda!
>Adeus, meu filho Nogueira!...

Quem Perde o Corpo é a Língua

> "Je raconte une histoire pour les gens d'ici."
>
> Henri Béraud

Luísa Freire (1874-1953) viveu em nossa casa desde 1915 até o falecimento. Era mulher branca, de olhos castanhos, cabelo fino, conversando fluentemente. Nunca quis aprender a ler. Nascera em Contendas, perto da Barra de Inácio de Góis, e pôs-se mocinha em Estivas, no Ceará-Mirim. Veio para Guarapes em Macaíba e passou para a cidade do Natal de onde jamais saiu. Nesses limites viveu, amou e morreu. Não me parecia ter sangue negro. Foi uma grande colaboradora nas minhas pesquisas de literatura oral. Chamavam-na BIBI. Deu assunto para as *Trinta Estórias Brasileiras* que a Portucalense Editora, do Porto, publicou em 1955, com amável apresentação do dr. Fernando de Castro Pires de Lima.

Uma dessas estórias de Bibi, narrada com interesse comunicativo e gesticulação idônea, era essa da "língua perder o corpo".

"Um caçador encontrou uma caveira num oco de pau e ficou muito espantado. Tomou coragem e perguntou:
– Caveira, quem te pôs neste oco de pau?
A caveira respondeu:
– Foi a Morte!
– E quem te matou?
– Quem perde o corpo é a língua!...
O caçador voltou para casa e contou aos companheiros o sucedido. Ninguém acreditou mas a conversa foi-se espalhando, espalhando. Dias depois o mesmo caçador passou pelo canto velho e tornou a ver a caveira do oco do pau. Fez as mesmas perguntas e a caveira respondeu pelas mesmas palavras.
O caçador teimou em contar a estória aos companheiros e tanto contou que eles ficaram com raiva e disseram:
– Vamos ver a caveira. Se ela não disser coisa alguma que se pareça com o que você anda dizendo, nós lhe daremos, lá mesmo, uma boa surra de pau para você deixar de ser mentiroso...

Foram todos. Viram a caveira e o caçador fez as perguntas e a caveira nem como cousa. Calada estava, calada ficou. O caçador tornou a perguntar e a caveira foi dando o calado por resposta.

Os companheiros não quiseram saber de conversa. Chegaram o pau no pobre homem que o deixaram moído e todo pisado. Foram embora. O homem ficou estirado no chão, gemendo. Depois de muito trabalho pôde ir-se arrimando e se levantando. Quando se aprumou, olhou a caveira e disse, com raiva:

– Aí está, diabo, o que me fizeste!

– Quem perde o corpo é a língua!, respondeu a caveira, com toda razão.

O homem foi para casa mas não disse que a caveira falara de novo."

No *Livro dos Fantasmas*, de Viriato Padilha (Rio de Janeiro, 1925), li a primeira versão impressa, *A resposta da Caveira*. Théo Brandão (*Folclore de Alagoas*, Maceió, 1949) registou uma estória idêntica, ouvida ao seu avô materno que a tivera, quando menino, de uma negra escrava, do tetravô do autor. Théo Brandão, nas notas, traduziu *Le crâne*, uma variante entre os Batonga da Zambézia, no *Moeurs et Coutumes des Bantous*, de Henri Lonod (Paris, 1936). Encontrei-a no *Folk Tales of Angola de Heli Chatelain* (Nova York, 1894), numa versão angolana de Mbaka, com o texto quimbundo e inglês, *The Young Man and the Skull* ou *Man'a a diiala ni Kabolongonio*. Leo Frobenius registou-a entre os negros Nupês no Sudão Central, *The Talking Skull*, "Africa Genesis" (Nova York, 1937).

O escritor cearense Braga Montenegro enviou-me em junho de 1951 uma versão do Ceará, ouvida de sua bisavó, D. Maria Barbosa Braga. Publiquei todos esses textos no *Trinta Estórias Brasileiras*.

No seu *Missosso* (1º tomo, Luanda, 1961), Óscar Ribas inclui nos provérbios angolanos o *Mu kuenda ngó, mu kúfua ngó; mu kuzuela ngó, mu kuia ngó*; "por andar à toa, morrer-se à toa; por falar à toa, ir-se à toa!" e anota: "Este adágio provém da seguinte anedota: Certo viandante ia por uma mata, vê uma caveira humana e exclama desdenhosamente: – Por andar à toa, morrer-se à toa!... Por falar à toa, ir-se à toa... Redargue-lhe a caveira. E o homem morreu."

É o resíduo episodial da estória, comum aos sudaneses e bantos; na Zambézia, em Angola, no Sudão Central, viva no Ceará, Rio Grande do Norte e Alagoas. Viriato Padilha não afirmara a origem de sua versão, indeciso entre Portugal e Brasil. O documentário de Théo Brandão e de Braga Montenegro e a narrativa da velha Luísa Freire positivam a contemporaneidade da circulação temática pelo nordeste brasileiro.

Ouvindo-a em Luanda, compreendia a simultaneidade em ambas as margens do Atlântico.

Farofa, Farófia...

*F*arofa, do quimbundo *falofa*, parece-me o vocábulo banto mais corrente no Brasil, depois do africanismo *banana*.

Curioso é Antônio de Morais Silva (1764-1824), carioca residente em Pernambuco, senhor do Engenho Novo de Muribeca, em Jaboatão, não haver registado farofa no seu *Dicionário* enquanto viveu. Mesmo a edição de 1831, primeira depois de sua morte, ignora o tão popular conduto. Impossível Morais não ter comido farofa.

Antenor Nascentes julga a inclusão nos dicionários portugueses entre 1813 e 1880. Ainda não estava no Domingos Vieira de 1873-1874 embora o tivesse empregado Almeida Garrett em 1829, em *O Casquilo Janota* (Fábula):

> Mas a mulher gostou
> Da tal *farófia* de aparente brilho,
> E a *coisa* pôs o nome de *casquilho*.

Diz-se também *farófia* mas o uso não é comum no Brasil, exceto para os pedantes. Farofa para Monteiro Lobato, José Lins do Rego, Érico Veríssimo, Farófia para Almeida Garrett ontem e para Aquilino Ribeiro, hoje, em Portugal.

Em Angola ouvi sempre *farofa* e não *falofa* ou *farófia*, como seria de esperar.

Óscar Ribas, etnógrafo angolano tão admirado no Brasil, fez para mim uma pesquisa filológica. Informa-me em carta de Luanda, 25 de abril de 1964, a interessante conclusão nesse passeio semântico:

"O vernáculo, em quimbundo, é *falofa*. Resultou ele de *kuvala ofa*, expressão que significa: *parir morto*. Ou, preferindo: dar à luz morto. Da mecânica linguística, com toda a sua série de transformações, originou-se o termo *valofa*, depois modificado para *farofa*. A alteração do *v* em *f* explica-se facilmente: além de serem consoantes labiodentais, a segunda, *f*, é mais branda. Afora esta particularidade, ainda se pode admitir o fenômeno da atração silábica: a terminação *fa*.

"Agora, interpretemos o sentido. Desdobremos a expressão *parir morto*: 'parir' corresponde a *preparar*, e 'morto', *frio*. Quer dizer: preparar com ingredientes frios. Ou melhor: sem a intervenção do calor, para efeito da cozedura. 'Ofa' (morto) constitui o particípio passado do verbo 'kufa' (morrer). Representa uma variante de 'afa', bastante usada pelas populações sertanejas. De língua quimbunda, evidentemente."

Será essa *falofa*, farinha e água fria, o inicial processo angolano, mantido pelos escravos bantos no Brasil. Corrente, secular e comum, é a farofa com água quente. N'África ocidental a farinha de mandioca divulgou-se no século XVI e a *falofa* anterior fariam os pretos com as *fubas* dos sorgos e milhetos, até que saboreassem a *farinha* de pau, como ainda dizem presentemente em Portugal. Em Angola diz-se *fuba de bombó*.

Em Luanda a farofa faz-se com qualquer caldo, de carne, peixe, cereais, cozinhado previamente. Mesmo nos sertões não vi empregarem água fria.

Atingindo a consistência de pirão, chamam *fúnji*, conhecido no nordeste brasileiro como sinônimo de alimentação, refeição farta. Pereira da Costa (*Vocabulário Pernambucano*, Recife, 1937) recolheu o termo no Recife de 1896, 1901, 1915. No *Jornal Pequeno* desse último ano lê-se: "Fui à casa da mana apertar o *funge do almoço*, e não havia mais sinal de boia." De 1901: – "Provar do *funge* preparado a capricho." De 1896: – "O honrado Partido Republicano Federal é agora o *róifunge* da época." O *Pequeno Dicionário Brasileiro da Língua Portuguesa* (9ª edição, 1951), como peculiaridade pernambucana regista o *funje*, "reunião dançante de gente de baixa condição". Desapareceu a ideia do alimento. Não confundir com VUNJI, a deusa da Justiça angolana, também incluído no *Pequeno Dicionário*, valendo "muito sabido, atilado, esperto", também de Pernambuco, mas não encontrado em Pereira da Costa. O português Serra Frazão dizia ser o Demônio.

Pela Angola inteira a farofa é idêntica à que comemos no Brasil. Em Portugal, sob o título de *farófia* há o que dizemos "ovos nevados": clara de ovos, batida com açúcar e canela em ponto de castelo, cozida no leite. Laudelino Freire (*Grande e Novíssimo Dicionário da Língua Portuguesa*, Rio de Janeiro, 1934) cita essa "farófia", certamente lusitana, acrescentando: "Doce feito de claras de ovo batidas com açúcar e canela, também chamado *bazófia, globos de neve, espumas*." Doce denominado *Farófia* nunca existiu no Brasil. Nem já o mencionam nos grandes livros doceiros de Portugal. Emanuel Ribeiro, *O Doce Nunca Amargou* (Coimbra, 1928), não o cita na sua relação clássica. Nem o recente e monumental *A Cozinha do Mundo Português* (M. A. M. ed. Tavares Martins, Porto, 1962) que ensina a fazer uma *Farófia Angolana* onde não entra água, fria ou quente, e sim sumo de laranjas: "Farinha de pau, um quilo. Cebola 1. Salsa, um ramo. Laranjas, sumo, 2. Pica-se a cebola muito miudinha e junta-se à farinha de pau, assim como a salsa também picada. Rega-se com o sumo das 2 laranjas e mistura-se tudo muito bem. Serve-se como acompanhamento de carne ou peixe." Não participando água quente, nem mesmo fria, essa "Farófia Angolana" está legitimando a explicação de Óscar Ribas. Na culinária da Bahia, acentuadamente na Cidade do Salvador, *frio* é sem pimentas e *quente*, muito apimentado. Um vatapá sem pimentas é um vatapá realmente morto, um vatapá *ofa*, como dizia um angolano.

E os nossos indígenas usavam da farofa? A mistura preferida para eles com a farinha de mandioca era o caldo quente do alimento cozido, dando o *mingau, minipirô, ipirum*, o pirão escaldado. Ou, como documentam os velhos cronistas, a farinha seca, atirada à boca sem erro no trajeto.

Não conheço vocábulo nhengatu correspondendo a farofa.

Démeter Bebeu Gongoenha...

Não peça gongoenha em Luanda nem noutra qualquer paragem de Angola. É uma bebida para gente íntima, feita em casa, conhecida no mundo doméstico. Popularíssima. Não se vende em parte alguma. Faz-se e bebe-se.

Não procure nos dicionários nem a mencione conversando com amigo importante. Dará impressão de vulgaridade total. Homem de pouca ciência.

No mercado municipal de Quinaxixe vi uma mulher preparar uma bebida e fazê-la beber ao *miúdo* que conduzia amarrado às costas, como uma japonesa. Atinei que era farinha de mandioca, um pouco de açúcar e água. Mexeu e serviu-se, com um sopro de satisfação regalada.

Lá fui perguntar o nome.

– *Gongoenha!*, respondeu, num sorriso integral de 32 dentes cintilantes.

Daí a minutos bebia eu um copo de gongoenha, manipulado pela minha professora reluzente.

Era o *xibé* amazônico. Jacuba, noutras regiões do Brasil. Augusto de Saint-Hilaire e von Martius beberam e gostaram da jacuba. Ficou no *Dicionário do Folclore Brasileiro* num verbete extenso, documentando uso e abuso nacionais no Brasil.

Se me permitem um voo na quarta dimensão, a gongoenha é o *kykhéon* grego que a deusa Démeter, quando procurava Proserpina, sorveu deliciada, graças à solicitude da velha Iambé. Ficou, por isso, fazendo parte do cerimonial nos "mistérios" de Elêusis.

Ovídio, *Metamorphoseon*, V. 450, informa: *Dulce dedit, tosta quod texerat ante polenta.*

Polenta hoje é acepipe diversíssimo e mastiga-se. Naquele tempo, bebia-se. Significava a mistura d'água, farinha de cevada e um adoçante, gotas de mel de abelhas naturalmente, porque os deuses olímpicos não conheceram a cana-de-açúcar.

Tal e qual a jacuba. Quero dizer, a gongoenha de Luanda.

O nome de Gongoenha é que me fez recordar uma bebida brasileira, indispensável no sul, a congonha, erva-mate, *illex congonha*, que Teodoro

Sampaio diz provir do guarani *congõi*, valendo o-que-sustenta ou alimenta. Complica-se porque a maconha, liamba, diamba, cânhamo, hachiche, *Cannabis sativa*, diz-se aqui também *cangonha*. Teria ido com os escravos angolanos para o Brasil onde continua missão inebriante e criminosa. Alguma afinidade entre a congonha brasileira, alimentar, a refrescante gongoenha e a venenosa cangonha? Algo mais profundo que a mera semelhança eufônica?

Consultei Óscar Ribas, mestre na cultura popular angolana. Fiquei sabendo que a gongoenha é *ngongoenha* em quimbundo, de *ngongo*, tormento, e *menha*, água; tormento pela água, sede, valorizando a bebida fácil e boa.

Na longa iniciação das *iauô*, sacerdotisas dos *orixás* nos candomblés da Cidade do Salvador, na Bahia, há banhos de ervas perfumosas, *ariaxé* para o rito jeje-nagô; *maionga* ou *maiongá* serão os banhos na fonte mais próxima, como disse a Edison Carneiro o chefe do candomblé da Gomeia, João da Pedra Preta.

Fui visitar, na rodovia para o aeroporto de Luanda, o *Poço da Maianga do Rei*, antiga fonte, cercada de circular muro branco, onde o Ngola mandava buscar pelas escravas a água da serventia diária. Há também o *Poço de Maianga do Povo*. Ambos do século XVII. *Maionga* e *maiongá* serão formas adulteradas dessa *Maianga* angolana. *Maianga* vale dizer lagoa, em quimbundo. No Poço de Maianga do Rei duas mulheres bebiam a gongoenha numa caneca de folha de flandres. Não vi nenhum homem preparar e beber o refresco, visivelmente vulgar e sem idade presumível.

Qualquer etnógrafo me ensinará que a *gongoenha* e o *kykhéon*, *xibé* e *jacuba*, são bebidas de milênios, anteriores à técnica da fermentação, contemporâneas à preparação dos primeiros cereais torrados e moídos para obter-se a farinha. Será, num cálculo bem tímido, alturas neolíticas. Digo neolíticas pelo respeito que tenho aos mestres velhos que aí situavam a lavoura, como dizia Orville Derby, preferindo à clássica agricultura. Os vestígios cerâmicos no epipaleolítico desarrumam um tanto o venerável edifício.

Parece que a gongoenha está me dando embriaguez...

Ausência do Diabo Africano

*T*enho agora essa conclusão decepcionante: não há um Diabo legítimo, verdadeiro, típico, nas crenças da África Negra, pátria dos escravos vindos para o Brasil.

Como era preciso uma justificação moral para a imoralidade do tráfico, explicava-se que o cativeiro era uma libertação para o selvagem negro. Tudo n'África era opressão, violência, barbarismo. Reis que bebiam sangue. Família promíscua. Guerras sem trégua e mercê. O preto não devia ter saudades do inferno torturante e bruto.

Era a tradição. Saint-Hilaire conta um episódio expressivo. Nos arredores do Rio de Janeiro, em 1818, "fez um dia esta pergunta a um velho negro que, encarregado por seu amo de vender milho numa *venda* aos *viajantes*, passava os dias na tranquilidade, livre de qualquer vigilância. É possível esquecer completamente o país em que nascemos? – Você está doido! gritou incontinenti sua mulher, se nós voltássemos para nossa terra, não tornariam a nos vender? Diz-se que, se os Africanos cessassem de poder vender os prisioneiros aos homens brancos, eles os massacrariam; não tinham mais o mesmo interesse em se guerrearem, e viverão em paz". (*Viagem pelas Províncias de Rio de Janeiro e Minas Gerais*, trad. Clado Ribeiro de Lessa, Iº, São Paulo, 1938.)

As informações históricas da época eram apavorantes. Milhares e milhares de negros mortos aos antepassados do novo Rei ou aos deuses insaciáveis para os quais o sangue humano era indispensável. Muito mais sequiosos que os mexicanos. Eram vibrantes as reportagens de Louis Jacolliot que parecia responder ao seu patrício Saint-Hilaire: "É preciso que os nossos negrófilos saibam bem isto: a situação dos escravos e prisioneiros de guerra em África é muito mais desgraçada desde a abolição da escravatura, porque não tendo eles o valor necessário para se efetuar uma troca com as mercadorias europeias, servem tão somente aos reis e chefes indígenas para abrilhantarem as suas festas selvagens, degolando-os; sendo de dizer-se aqui que a maior parte das vezes estes folguedos públicos não passam de pretexto para os senhores se desembaraçarem de muitas bocas inúteis. Ouvi dizer na Europa que a abolição da escravatura tirava aos reis africanos o desejo de fazer guerras, pois que nada ganhavam em procurar escravos para vender! Os que asseveram semelhante disparate não sabem do que vai na África, e ignoram que eles, os reis, fazem guerra por diferentes motivos." Jacolliot fora presidente de um Tribunal em Taiti e na Índia (Chandernagor) e divulgava sua opinião em 1887, em Paris (*Voyage au Pays Mystérieux*). No Benin: "Milhares de escravos são imolados sobre as sepulturas reais, degolando cada ganga três homens, três mulheres e três crianças. Depois d'esta carnificina, recolhem todo o sangue numa bacia monstro, onde deitam legumes e carnes, preparando em seguida o feitiço anual, que deve garantir a vida ao rei até a próxima festa do inhame, isto é, durante o ano seguinte (...) O sítio onde encontram o primeiro inhame maduro fica brutalmente inundado de sangue humano, que fazem correr a jorros!" Os escravos sacrificados voltariam à terra no corpo de homens livres, chefes, sacerdotes, soberanos! Os voluntários eram numerosos. As narrativas do Daomé e da campanha dos Achantis causavam assombro, pesadelo, insônia.

Só podiam existir duas fórmulas salvadoras. Trazer o condenado negro para escravo na América ou mandar o europeu "civilizar" a África, dominando-a. Por esse meio havia quem desaparecesse da Civilização, perdido no sertão africano, procurado como uma joia perdida: *Dr. Linvigstone, I presume?* Ou Albert Schweitzer, médico, devoto de Bach, longe da lógica do "Progresso" e perto da assistência cristã.

Os deuses africanos só poderiam ser entidades monstruosas, desapiedadas, sádicas. Não eram assim, despojando-as do sensacionalismo viajeiro, irresponsável na interpretação alucinante.

Podia, prudentemente, limitar-me a Angola mas é possível avançar o sinal e ousar maior percurso temático. Não há Demônio preto senão como presença católica do Branco. Não há mesmo um vocábulo próprio para designá-lo a não ser personalizando uma de suas atribuições. Psicologicamente, uma projeção cristã de Satanás.

No tempo de Heli Chatelain em Angola os três maiores insultos eram *diabu*, *nékulu*, negro, e *malándulu*, malandro, trazidos pelos portugueses.

O Diabo, *diabolus*, é o caluniador, o Anjo-Mau, *Cacodaemon* grego. Demônio, *daimôn*, correspondia ao *genius* romano, bom-gênio, mau--gênio, *agathodaemon*, *cacodaemon*, inspirador, defensor. Demônio de Sócrates. Gênio de Roma. Satanás, o *haschatán* hebreu, é realmente a fonte de todos os males, o Inimigo total, o grande adversário da tranquilidade humana, ininterruptamente inverso a qualquer concepção do Bem. Esse está ausente das funções extraterrenas no continente negro, para a mentalidade negra.

Não incluo os árabes que possuem Ech-Cheitân, ou o Iblis onipresente, atarefadíssimo nas missões de punição e tentação sucessivas.

Os pesquisadores europeus no plano religioso encontraram os deuses africanos, nos finais do século XIX, multiplicados pela dispersão heterodoxa. Como os gregos e romanos na decadência social, teriam divinizado simples funções eminentes, personalizando transformações assumidas para realizar determinados atos. Estas ações seriam, primariamente, unidades volitivas e não formas materiais da mesma potência espiritual. Para restituir-se a uma visão inicial é indispensável que os numerosos e sublimados acessórios sejam absorvidos pelo essencial, causa motora e única de suas convencionais existências posteriores. Sem esse processo saneador será apenas possível um recenseamento de deuses negros para a sistemática dicionarizada.

Angola, Congo, parte ampla da população sudanesa, compreendiam-se, para Frobenius, na civilização da Eritreia Meridional. É, como a civilização ariana para Max Müller, um mundo sem injunções diabólicas. Quanto, nesses bantos e sudaneses, apareça de perene e funcionalmente perverso, "inimigo de Deus", dever-se-á ao semita pelos divulgadores devocionais, o árabe e o cristão, titulando a Satanás como Anjo poderoso e rebelde, "feito de luz", reinando nas trevas do pecado.

O dualismo do-Bem-e-do-Mal foi uma dádiva oriental, trazida pela irrupção árabe ao longo das praias onde se põe o sol no Atlântico. Vinda do norte e do levante, na terra negra. Resiste ainda, no primitivo chão africano, às plantas obstinadas e humildes, palpitantes nas manifestações de crenças antiquíssimas, florindo entre minaretes de mesquitas e torres sineiras católicas. Todas as informações, as mais antigas e preciosas, são de árabes ou de portugueses. Dominadores ou visitantes. Nunca ouvimos as vozes nativas. Nem mais as ouviremos confidenciar a história matinal de suas esperanças e temores.

É o mesmo problema do meu país. Quem estuda as religiões indígenas, registradas pelos colonizadores, tenta reerguer o edifício partindo das ruínas, num *master plan* conjetural. As linhas supositícias da Torre de Babel. O fundamento é a relatividade dimensional dos volumes calculados. Correlação. Cada arqueólogo tem a *sua* Babel. O "material" analisado ajusta-se ao critério do examinador. Não pode contrariá-lo, expor diferença, defender finalidades. Fantasmas, coisas mudas e manejáveis.

Todos os deuses africanos são interessados na continuidade do culto votivo. Ficam maus quando são esquecidos, negligenciados, postos na margem devocional. É preciso uma vigilância obstinada no plano reverencial para evitar a transferência do protetor para o campo adversário. Uma entidade funcionalmente perversa, tentadora, malvada, praticando o mal pelo mal, não há no panteon africano. Qualquer uma delas tornar-se-á adversária, perseguidora, rancorosa, mas é sublimação do sagrado recalque ante o olvido oblacional. Mesmo os *espíritos* que odeiam a família do seu assassino, incendiador do plantio, violador da residência, ladrão molhado de sangue, apaziguam-se com dádivas, alimentos, cantos, danças, e terminam protegendo aos descendentes de quem tanto detestavam.

Evito citar os deuses do firmamento negro para não irritar algum preterido na mobilização nominal. Não é possível comparar nos atos, ações e obras o nosso Demônio com um outro elemento personalizado e sobrenatural, recebendo vênias pela África negra. O nosso Diabo é uma permanência, força inflexível, terebrante, teimosa, em serviço do Mal. Toda genialidade satânica é um longo encadeamento envolvedor no rumo da perdição das almas. O "interesse" demoníaco independente da provocação inicial do pecador. Essa atitude não existe entre os "santos pretos".

Ninguém poderá considerar Elegbará, Elegbá, Exu, o Legba dos Fons, o Edschou de Frobenius, um diabo nos cultos africanos sudaneses e no panorama dos candomblés da Bahia, Rio de Janeiro ou Recife. Difere-se, substancial e essencialmente, na atuação. É um embaixador dos pedidos humanos para um orixá poderoso e capaz da realização suplicada. Os pedidos é que podem ser bons ou maus sem a participação do intermediário. Exu é um portador, mensageiro, um Hermes africano. Exige, decorrentemente, seu salário ritual, o seu *despacho* integral; azeite de dendê, bode, cachaça, fumo. Lembrarem-no nas segundas-feiras. Nada mais. Esquecido, vingar-se-á pondo sua influência no sentido contrário da pretensão pleiteada. O lógico será satisfazê-lo com os alimentos preferidos; *come tudo*, informa Donald Pierson, e gritar-lhe a saudação privativa: Larôiê! Exu não tem a maldade congênita, medular, alheia à provocação inconsciente do olvido devoto. Sua suscetibilidade, caráter irascível, turbulento, inquieto, vingativo, são invariavelmente reações, réplicas, represálias. Satanás não guarda a casa de ninguém. Exu, repleto e tranquilo, é guardião incomparável.

Em Angola ocorre semelhantemente. Diz-se *Diabu* em quimbundo mas *borrowed from the Portuguese*, adverte Heli Chatelain.

Na fulgurante passagem das estrelas cadentes, o negro angolano rosnava, apreensivo: *Diabu dibita bu-lu*, passe o Diabo por alto. No Brasil diziam as velhas de outrora:

> Deus te guarde, Deus te tenha,
> Que na Terra nunca venhas!...

Para o preto de Luanda, no tempo de Chatelain, a ideia de Diabo e de Deus, ambos dos "brancos", unificavam-se. As estrelas cadentes, *which the Loanda natives call* MA-DIABU, *singular* DIABU, evidenciam que o Demônio deveria pertencer a uma classe superior e estranha aos seus Ilundo invocadores e à extensa teogonia sudanesa e banto.

Há feitiço, *uanga*, contrário ou favorável, mas é um resultado do trabalho de um homem, de um *mulôji*, feiticeiro votado ao Mal. O *quimbanda* é médico, adivinho, curador, um especialista na terapêutica mágica. Não trabalha num *dicanga*, sessão, com a destinação maldita. Os entes mais acentuadamente inclinados às malvadezas, índice de pouca tolerância, dulcificam-se com os processos bajulatórios. O nosso Satanás é incorruptível.

Não havendo distinção específica entre a vida civil e a obrigatoriedade religiosa para o africano, entende-se que todos os atos humanos incidem nas zonas de influência sagrada. A cada momento deverão estar sob a supervisão de uma divindade a quem tributam homenagem. O abandono, mesmo parcial, desses deveres ou de um deles, é crime a que corresponde uma sanção penal. Não existe divindade generosa que não se torne maléfica depois de uma transgressão aos seus direitos. Um Nzambi está muito alto para preocupar-se com o formigueiro humano mas o interesse ciumento fica na relação aproximativa dos deuses encarregados da vigilância dos homens. Daí a frase fácil afirmando que o preto é mais atencioso com as más do que com as boas entidades. É que as dívidas diárias figuram na jurisdição das primeiras e não das últimas égides. O pavor prestigioso opera ao inverso do quadrado das distâncias. Quem faz mau o "santo" é o pecador.

Não estou desejando estabelecer confronto brasileiro, evocando os *sobrenaturais* indígenas. O Demônio clássico dos ameríbas, desde a catequese no século XVI, Jurupari, nunca mereceu esse título. Stradelli documentou, com o fundamento de pesquisas amazônicas, a distância intransponível entre ele e um Diabo. Dediquei-lhe longo estudo (*Geografia dos Mitos Brasileiros*, Rio de Janeiro, 1947)* no rumo de sua inevitável absolvição no santoral ameríndio. É um reformador, ascético, ciumento da pureza

---

* Edição atual – 3. ed. São Paulo: Global, 2002. (N.E.)

doméstica, cheio de exigências morais. Dom Frederico Costa (1876-1948), Bispo do Amazonas (1907-1914) na "Carta Pastoral" de 9 de abril de 1909, declarou: *Parece também evidente que houve erro em identificar Jurupari com o Demônio.*

Menos ficará ainda na classe diabólica a Anhanga que Couto de Magalhães indicou com égide da caça do campo. Os jesuítas Manoel da Nóbrega, Joseph de Anchieta, Fernão Cardim, o franciscano André Thevet, o calvinista Jean de Léry, o alemão Hans Staden, diziam-no malfazejo. É um espectro, fantasma configurando um animal, seu *duplo* fantástico (substituído pelo Zumbi, vindo de Angola), *assombração determinando pavor que às vezes é forma punitiva para os caçadores* desapiedados e sádicos. Sua aparição é sempre castigo justo (*Dicionário do Folclore Brasileiro*, 2ª ed., Rio de Janeiro, 1962).*

O problema reside na abundância calamitosa das interpretações em vez de traduções honestas e literais do motivo. Imposições de sistemas religiosos alienígenas às normalidades metafísicas amerabas. Falta o senso das harmonizações no sentido das *equalisations* de Chesterton.

Os deuses respeitam a ecologia sob pena de não serem percebidos.

Os demônios do terror implacável e da insaciável crueldade dependem essencialmente de um clima de compreensão psicológica no plano da função maléfica. A modelagem diabólica vem do desespero e da angústia inspiradores. Todo o conjunto da arte regional, desenho figurativo, ornamental, esculturas, enfeites, as cores decorativas, os cantos coletivos, o ritmo dos ritos, denunciam a concepção expressiva da plástica sagrada. A augusta serenidade dos deuses fundamenta a tranquilidade dos fiéis devotos. Os deuses egípcios e persas aparecem armados para o contendor inflexível. Os "olímpicos" sabem que os adversários foram eternamente condenados à inanição funcional.

Com a liberdade irresponsável, surgem no Brasil os *exus* caudados e cornudos, ampla bocarra escancarada para deglutição de vítimas como um Moloch. E assim se derramam as coleções e noticiários, vendidos pelo mundo, espalhando uma visão estranha de um Exu de mentira somática.

Para que fosse possível aquela forma hedionda, contrária às significações dos elementos utilizados, chifres, boca aberta, cauda, tridente, mão em garra, unhas reviradas, seria indispensável *l'altro mondo soprannaturale dei negri, pieno di arcano malefizio, dominato dal senso della paura e del terrore, che solo si può spiegare come um fatto di degenerazione e di*

---

* Edição atual – 12. ed. São Paulo: Global, 2012. (N.E.)

abiezione, onde la credenza nell'Ente Supremo s'è ridotta quello stato virtuale di pura e semplice idea, senza oramai traccia più alcuna di culto, como escreve Oddone Assirelli, fixando um ambiente de tragédia onde Petrônio justificaria o seu *Timor, Deorum origo* (*Africa Polyglotta*, Bologna, 1938). Justamente o inverso das conclusões de Leo Frobenius em suas doze jornadas africanas.

N'África, a mutação satânica, a função aterrorizante e cruel, é sempre consequência de falhas oblacionais e não ação consciente e normal do ente divinizado, como pratica o nosso Lúcifer.

É quanto observou um sacerdote etnógrafo, o Padre C. Tastevin, C. S. Sp. (*Les Idées Religieuses des Africains*, Paris, 1934): *En écrivant* NZA M'BI *on devrait traduire* CELUI (DE) LE MAL, *car c'est au Dieu Suprême qu'on attribue les grands fléaux et les maladies incurables, en particulier une sorte de lèpre à pustule, dite* NZA M'BI *ou* BINSAMPA LA NZA M'BI, *les bourgeons de Nzambi.*

Há uma natural ambivalência de amor-pavor para com os grandes-deuses onipotentes, transmitindo-lhes os vícios humanos da inveja e do rancor. Tanto semeiam as bênçãos fecundas como as maldições esterilizantes. Ainda mais "provadores" da fidelidade humana que o Deus de Job.

Num resumo: *Il est l'auteur des maux*, BE, *mais il n'est pas mauvais.*

Não existe n'África, ocidental e oriental, um deus desinteressadamente mau. Sempre, inevitável, funcionalmente perverso, como o nosso velho Belzebu.

Notícia do Zumbi

No Brasil, notadamente pelo norte, o ZUMBI é uma presença apavorante e complexa. "O pasmo tem sempre um elemento positivo de louvor", lembrava Chesterton. Zumbi já não goza de sua prestigiosa popularidade mas permanece vivo e sensível no folclore brasileiro.

Trazido pelos escravos de Angola, o Zumbi abandona os limites somáticos de sua representação africana e no Brasil encarna, funde, engrandece muitas figuras estarrecentes na imaginação coletiva.

Passa a ser um negrinho ágil, irrequieto, buliçoso, competindo com o Saci-Pererê. Assobia como ele. Engana as crianças, desorienta os viajantes como o Curupira. A égide das matas era a Caapora. Em Sergipe o Zumbi é o esposo da Caapora. Cavalga um porco-do-mato. Empunha um bastão rústico. Exige cachaça e fumo como a consorte famosa. Sílvio Romero acredita-o convergente com o lobisomem terrível. Povoa os bosques de rumores imprecisos, desencontrados, espalhando um medo informe, injustificado mas real. Acusam sua presença de Minas Gerais a Pernambuco.

Zumbi é o notívago, andarilho das noites silenciosas, o esquisitão arredio, o neurastênico ensimesmado. Beaurepaire-Rohan, Vale Cabral, Macedo Soares, Nina Rodrigues registam seus espantosos atributos, distantes e diversos das atribuições em Angola. É alma de escravo melancólico. "Cresce-e-Mingua" que faz galopar em disparada os animais que o avistam, desmarcado, imenso, curvado em arco, zombando do sucesso obtido.

Entre os indígenas o Anhanga podia tomar a forma de animais fantásticos. Zumbi assume essa função e num plano bem mais impressionante. É o Zumbi do Cavalo, representando o equino que morreu e fora enterrado como corpo de cristão. Sepultando-se um *bruto*, provoca-se o aparecimento do Zumbi correspondente. Os animais mortos correm, relinchando, os tabuleiros e Campinas, vivos no Zumbi.

Há testemunhos, depoimentos, narrativas estranhas que compendiei na *Geografia dos Mitos Brasileiros* (Rio de Janeiro, 1947).* É um cortejo muitíssimo mais apreciável que o disponível pelo Zumbi angolano, restrito a ser visagem ou sinônimo divino, sem que se dissolvesse nessa alucinante popularidade brasileira, vivendo cem papéis, com o direito de intimidar crianças e velhos, matas e caminhos.

Sua figura cresceu por um desses *mitos de confusão verbal*, como dizia Max Müller. Convergem para ele o *nzámbi*, divindade, potestade divina e, por translação, vocativo aos chefes sociais, *m'ganga Zumbi,* e *nzumbi*, espectro, duende, fantasma, visão de assombro. Este é o nome e função mais vulgarizados.

Admirou-me não encontrar o Zumbi em Angola. Estava fora das conversas, dos contos orais, dos medos infantis, do culto dos Ilundos. Ninguém o recordou para minha reminiscência ainda fiel às suas diabruras pelo agreste nordestino, entre o sertão e a praia. Mas o Zumbi veio com o escravo angolano e sua área de influência corresponde às zonas do trabalho negro anterior a 1888. Participou do âmago das crendices e se foi ampliando, substituindo entidades indígenas mantidas pela memória mameluca, como o Anhanga. Em Angola o Zumbi é "Nzambi", o sagrado nome de Deus. Predominando localmente segundo o Pe. Estermann.

Beaurepaire-Rohan, em 1889, apresentava excelentemente: "ZUMBI, s.m. ente fantástico que, segundo a crendice vulgar, vagueia no interior das casas em horas mortas, pelo que se recomenda muito a quem tiver de percorrer os aposentos às escuras que esteja sempre de olhos fechados, para não encarar com ele." *Etim*. É vocábulo da língua bunda, significando duende, alma do outro mundo (Capelo e Ivens). Fig. na Bahia, chamam *zumbi* àquele que tem por costume não sair de casa à noite: "Tu és um zumbi." Em outras províncias do norte, dão o nome de *zumbi* a qualquer lugar ermo, tristonho, sem meios de comunicação (Meira).

Vale Cabral, em 1884, fez longo registro sobre o "ZAMBI:

é voz que exprime entre os negros naturais de Angola um ser superior, Deus, e tanto assim que quando se lhes pergunta por coisas impossíveis ou misteriosas, eles respondem: 'Zambi que sabe.' O padre Pedro Dias, na sua *Arte da língua de Angola* (Lisboa, 1697), diz que Nzambi significa Deus e dá muitas frases em que entra a palavra mbunda. Cannecatim, no seu *Dicionário de Língua Bunda ou Angolense* (Lisboa, 1804), dá igualmente Zambi como significando Deus. Como se vê, os termos são idênticos; o *n*, porém, que precede Zambi na escrita do Padre Dias, é eufônico.

---

* Edição atual – 3. ed. São Paulo: Global, 2002. (N.E.)

Capelo e Ivens (*De Benguela às Terras de Iaca*, I, p. 103), tratando da falta de religião e falsas noções do Criador entre o povo do Bié, dizem que em T'schiboco, a 700 quilômetros da costa, encontraram um natural que, lhes apresentando um objeto, que descrevem e reproduzem, disse ser o N'gana N'Zambi (Senhor Deus), e perguntado sobre quem era o N'gana N'Zambi, não soube responder, acrescentando simplesmente que um ambaquista lho havia trazido do "calunga" (mar). Pela mesma ocasião, Capelo, numa sanzala, era, segundo parece, chamado igualmente N'gana N'Zambi, pela sua longa barba branca.

Perguntando eu a um negro natural de Angola como se chamava Deus na língua dele, respondeu-me que Zambi e ainda perguntando-lhe o que queria dizer N'gana N'Zambi, apontou-me com o dedo para o céu e disse: Senhor Deus.

"Zumbi e Zambi andam confundidos na tradição brasileira; entretanto, como se vê, exprimem seres diferentes entre si.

"Exprimindo Zambi um ser superior, quando os pretos veem aproximar-se deles o senhor ou o feitor, pessoas a quem devem respeito, dizem assustados e rapidamente: – 'Zambi vem!...' Este fato prova que o Zumbi dos Palmares era assim chamado por ser o superior, o chefe, o mandão, o poderoso da República africana em Pernambuco. O sr. Oliveira Martins, na sua obra *O Brasil e as Colônias Portuguesas*, tratando deste herói, ainda que de modo diverso do que lhe sucedeu, porque ele morreu valorosamente em luta e não pelo suicídio, escreve corretamente Zambi. Em diversas obras e documentos o nome do chefe palmar aparece escrito Zombi, Zomby e Zumby."

Sobre o ZUMBI informa ainda Vale Cabral:

"*Zumbi*: ser muito popular no Brasil, herdado dos africanos.

"A) Entre os angolenses, gente que morreu, alma do outro mundo.

"B) Na tradição oral de muitas nações africanas, fantasma, Diabo, que anda de noite pelas ruas; e quando os negros veem uma pessoa astuciosa que se mete em empresas arriscadas, dizem: – 'Zumbi anda com ele', isto é, o Diabo anda metido no corpo dele.

"C) No Rio de Janeiro intimidavam-se muitas pessoas com o Zumbi da Meia--Noite, espectro que vagava alta noite pelas ruas. (Informação do sr. Conselheiro Beaurepaire-Rohan).

"D) Na canção popular "O A.B.C. da Venda" há a seguinte estrofe:

> Zumbi lobisomem
> E outros fadários,
> Of'recem rosários
> Na Venda.

"E) Termo africano (Benguela) que significa alma; 'Eu hoje vi uma alma!' *Ê têrei damoni Zumbi* e também *otirurum* em vez de Zumbi; muitas vezes se revela em pequena estatura humana e cresce à proporção que alguém dele se aproxima para curvar-se em forma de arco sobre a pessoa. Outras vezes oculta-se, e impede a um cavaleiro prosseguir, tomando-lhe as rédeas do animal. Os animais de montaria o conhecem e evitam passar pelos lugares onde ele estiver, o que é denunciado por um ronco surdo do próprio Zumbi (Rio de Janeiro, informação do sr. dr. Luís Rodrigues da Costa Júnior).

"F) Alma de preto transformada em pássaro que fica ao escurecer na porteira das fazendas, dos pastos ou nos lugares ermos, gemendo e chamando os transeuntes pelos nomes, e às vezes ao meio-dia canta e lamenta a vida que levou como escravo e diz: Zumbi... biri... ri... coitado!... Zumbi.... biri... ri... coitado! (Sul da província de Minas Gerais, informação do sr. Carlos Frederico de Oliveira Braga).

"G) Capelo e Ivens, referindo-se aos negros da região do Dombe Grande, dizem: '... vê-se frequentemente ao beberem aguardente, entornar no chão uma pequena parte, a fim de contentarem, segundo parece, o Zumbi ou *n'zumbi* (Alma do outro mundo), por quem sempre julgam estar cercados, e mais ou menos em relação, esfregando em seguida a testa e o peito como remate à cerimônia.' V. *De Benguela às Terras de Iaca*, I, pág. 23. No Brasil costumam também as negras africanas, quando comem ou bebem água ou aguardente, deitarem as primeiras porções no chão e a esse ato, quando se lhes pergunta, dizem que é para o santo, que se acha perto delas. Entre algumas crioulas dá-se o mesmo fato e dizem que é para S. Cosme e S. Damião, dois santos da predileção das escravas pretas, que desejam as suas alforrias por intervenção dos mesmos santos.

"H) O sr. dr. Macedo Soares no seu artigo 'Sobre algumas palavras africanas introduzidas no português que se fala no Brasil' (*Revista Brasileira,* IV, 1880, pág. 269) que Zumbi é '... voz com que as amas negras amedrontam as crianças choronas: Olha o Zumbi! Outros dizem: Olha o Bicho!' e acrescenta: 'Serão sinônimos? Será o Papão português? Parece.' O Zumbi pode como o tutu ou o Bicho servir para intimidar as crianças, mas eles não são sinônimos como pensa o meu amigo sr. dr. Macedo Soares. É verdade que na Bahia se põe medo às crianças com o Tutu-Zambê (ou Cambê?!), mas por ora nada sei ao certo. Em África existe um monte denominado Mulundu Zumbi, cuja tradução, segundo me informaram os srs. Beaurepaire-Rohan e Menezes Brum, quer dizer Monte das Almas e diz-se que essa denominação provém de ali ouvir-se lamentações e gemidos das Almas do Outro Mundo. Cannecatim no seu *Dicionário* dá a palavra *mulundu* como significando monte.

"I) O sr. dr. Sílvio Romero na sua obra *A Poesia popular do Brasil* (*Rer. Bras.*, VI, 1880, pág. 215) dá a palavra Zumbi como significando Lobisomem. A significação porém não é exata e nem os dois seres são sinônimos. A estrofe antiga, e vejo nela traços evidentes do modo de poetar de Gregório de Matos, os apresenta como fadários diversos entre si, que para disfarçarem a aparência sobrenatural vendiam rosários. Como se sabe, o Diabo tem tanto medo do rosário e tanto que a gente para se livrar dele basta apresentar na frente, dizendo: Foge dele como o Diabo da cruz; e assim o Zumbi oferecendo rosários à venda, nunca poderia ser tomado como um ente malévolo, o Diabo" (*Antologia do Folclore Brasileiro*, São Paulo, 1956).

Há o Zumbi no Haiti e creio constituir a forma mais imprevista e trágica em toda sua escala de personalizações. W. B. Seabrook (*La Isla Mágica*, trad. J. Canalejas) regista os *Zombies*, cadáveres animados por força mágica, sob a vigilância constante do feiticeiro; corpos insensíveis e alimentados parcamente e sem sal. Se provarem o sal, *sentem* que estão mortos e voltam para a sepultura, irremediavelmente. Esses *zombies*, de vida aparente, empregam-se exaustivamente nos trabalhos agrícolas, explorados pelo proprietário dos mortos, roubados ao cemitério. Miguel Ángel Monclus (*Apuntes de Haiti*, Ciudad Trujillo, 1952) informa ser uma *substancia animal o vegetal* que provoca o estado cataléptico, suspensas as manifestações vitais, e a vítima é sepultada como defunto e depois raptada do túmulo; *vuelta en sí la persona que fue victima del maleficio, recobra sus facultades físicas, pero no las intelectuales. Al resucitar, se convierte en um imbécil o autómata; en una máquina viviente de mantención casi gratuita. Los ZOMBIES comen poco y rinden apreciable labor, porque aunque despaciosos, son incansables. En realidad, es para el trabajo gratuito para lo que se les procura.* Monclus, cônsul da República Dominicana, nunca chegou a ver um *Zombi* mas tantas foram as afirmativas de crédito que *me obligan a no dudar de la existencia del* ZOMBI.

É uma tradição dos negros do Camerum. Acreditam que os gênios da floresta equatorial africana, os BA-KONGS, desenterram os defuntos, dão-lhes movimento e força, forçando-os às labutas do campo, indefinidamente, para aumentar as riquezas daqueles encantados.

Deve haver variante no Daomé, fonte étnica do Haiti.

Em Angola o Zumbi não tem, ou já não possui, essa fantasmagoria que desfrutou no Brasil. É nome de Deus, *N'Zambi*, o Senhor, numa invocação abstrata e respeitosa mas sem esperança de interferência útil na vida prática. O Zumbi-fantasma diluiu-se ou não fui capaz de rastejar-lhe os vestígios nas superstições da província. Nem se orgulhará, como o seu irmão brasileiro, da rica documentação estudiosa, marcando-lhe o diagrama do fabuloso percurso.

Óscar Ribas (*Ilundo*, Luanda, 1958), informa:

"DELE ou ZUMBI é a alma de pessoa falecida recentemente, num período não secular. O primeiro termo é mais usado em Luanda, e o segundo no interior.

"O aportuguesamento de *zumbi* é *canzubi*. E de *dele* proveio a expressão *mundele*, indivíduo de raça branca. Pela decomposição, *mukuá-ndele*, apura-se a comparação: possuidor de alma, semelhante a alma.

"ZUMBI e DELE derivam, respectivamente, de *kuzumbika* e *kuendela*, ambos os verbos significando 'perseguir' (a mandado de feiticeiro). Quer dizer: o nome de alma de pessoa morta resulta do efeito provocado pelo sortílogo, e não do novo estado a que passa. Duma maneira geral, os mortos, consequentemente as almas e os espíritos, são designados pelos termos: *akuá-Lunga* (os do Além) e *akuá-moxi-ia-mavu* (os de debaixo da terra).

"*Quilulo* é a alma penada. Deriva de *kulula*, amargar.

"As três designações, Zumbi, Dele e Quilulo, segundo nos parece, inicialmente constituíam termos específicos. Mas com o tempo, o povo, no seu dinamismo linguístico, passou a empregá-los indistintamente, na pura acepção de *alma do extinto*, consequentemente na de *Mukuá-Lunga*, singular de *Akuá-Lunga*. Será assim? Pelas derivações dos respectivos vocábulos, derivações, aliás, resultantes do nosso engenho, assim nos fundamentamos para tais deduções."

Zumbi, reduzido a alma do outro mundo, sem as materializações estupefacientes de sua nacionalidade ameraba, está mesmo semiexilado de Luanda, onde Dele lhe tomou vantagem e posto. No Brasil é ainda topônimo conhecido: serra da Bahia, rio na Paraíba, povoações e riachos em Pernambuco, lagoa em Sergipe e no Rio Grande do Norte, além de praia piscosa.

Em Angola ninguém me falou no seu nome em qualquer atuação vulgar. Menos ainda em Luanda, de Maianga aos Musseques, onde conheci tanta notícia fantástica. Confunde-se popularmente com DELE e QUILULO pela identificação funcional. O imortal Zumbi está condenado à morte pelo Tempo.

Ndenu ni Nzambi. Ide com Deus!

Na confusão verbal de *N'Zambi*, deus, e *N'Zumbi*, espectro, fantasma, o Zumbi veio ao Brasil na memória dos escravos angolanos. Um poderoso concorrente de *N'Zambi* no leste africano, MULUNGU, divindade suprema em vinte e cinco idiomas e dialetos, do Baixo Zambeze ao lago Vitória e costa até o rio Luanga (Edwin W. Smith, *Bibliografia Etnológica de Moçambique*, A. Rita-Ferreira, Lisboa, 1962), associado ao trovão, ao relâmpago e à chuva, desconhece as terras novas d'América Austral. Oddone Assirelli, professor de Linguística na Universidade de Bologna, ensina que NZAMBI *é nome straordinariamente diffuso in tutta l'Africa nera, a partire dal Kunene fino alla costa d'Oro, nel bacino del Congo, nella Rhodesia settentrionale e nell'alto Zambesi, fino al Niassa...* (*Africa Polyglotta*, Bologna, 1938).

Mas, dizem os quimbundos: *Mukuanhi kafuê?* Quem não morre?...

Recado ao Morto

*N*a *Correspondência de Fradique Mendes*, Eça de Queirós divulga uma tradição que dizia comum na Zambézia.

"Mesmo entre os simples há modos de ser religiosos, inteiramente despidos de liturgia e de exterioridades rituais. Um presenciei eu, deliciosamente puro e íntimo. Foi nas margens do Zambeze. Um chefe negro, por nome Lubenga, queria, nas vésperas de entrar em guerra com um chefe vizinho, comunicar com o seu Deus, com o seu Mulungu (que era, como sempre, um avô divinizado). O recado ou pedido, porém, que desejava mandar à sua Divindade, não se podia transmitir através dos feiticeiros e do seu cerimonial, tão graves e confidenciais matérias continha... Que faz Lubenga? Grita por um escravo; dá-lhe o recado, pausadamente, lentamente, ao ouvido; verifica bem que o escravo tudo compreendera, tudo retivera: e imediatamente arrebata um machado, decepa a cabeça do escravo, e brada tranquilamente – "parte!" A alma do escravo lá foi, como uma carta lacrada e selada, direita para o céu, ao Mulungu. Mas daí a instantes o chefe bate uma palmada aflita na testa, chama à pressa outro escravo, diz-lhe ao ouvido rápidas palavras, agarra o machado, separa-lhe a cabeça e berra: – "Vai!" Esquecera algum detalhe no seu pedido ao Mulungu... O segundo escravo era um *post-scriptum*."

Bem pode existir a técnica da Zambézia, vinda dos zulus que a empregavam. Passando dos bantos aos sudaneses o processo viveu tipicamente no Daomé, entre seus emitentes soberanos, quando a África Ocidental os possuía, onipotentes e livres da civilização limitadora dos brancos.

George Peter Murdock, no *Our Primitive Contemporaries* (1934), regista semelhantemente: "O Rei sacrifica um delinquente ou dois sempre que quer transmitir uma mensagem aos seus reais antepassados." Mais recentemente (1935), Geoffrey Gorer, *Africa Dances*, insiste na notícia: *Also whenever any event of importance occurred the king would send news of it to his father by telling it to some bystander and immediately killing him.* Começara pela remessa do escravo, depois a *criminal* e, no último tempo, qualquer espectador, *bystander*, servia.

Esse recado ao Espírito é uma crença popular em Portugal.

Antônio Nobre, no *Só* ("Antônio", 1891), denunciava-a na região do Entre-Douro-e-Minho:

> Morria o mais velho dos nossos criados,
> Que pena! Que dó!
> Pedi-lhe, tremendo, fizesse recados
> À alminha da avó...

No féretro das crianças punham, em Portugal, lenços, rendas, velas, agasalhos, destinados aos velhos parentes mortos. As crianças entregariam tudo, fielmente, às almas tristes que podem padecer escuridão e frio. E sobretudo sofrer a angústia da falta de comunicação, a suspeita de que estejam olvidados pela família. Identicamente na Espanha, França, Itália. Entre os Vitotos, noroeste do Amazonas, uma alma só vive enquanto se lembram dela.

Em Georges d'Esparbés (1863-1944), no conto *L'Ordonnance* (*La Grogne*, Paris, 1907), o Imperador Napoleão encarrega o soldado Massonier, apelidado Chinfreniou, ordenança do general Corbineau, de dizer-lhe que a Imperatriz seria madrinha de um seu filho. O general Corbineau morrera na batalha de Eylau e Napoleão o ignorava. O *chasseur* Massonier meteu uma bala na cabeça para obedecer *la comission suprême*. Suicidou-se para ir dar o recado do Imperador ao general Corbineau, procurando-o no "Paraíso dos Bravos".

Quando os espanhóis e portugueses vieram para a América não encontraram esse costume entre os ameríndios. Não havia contato direto do devoto com a divindade e a figura intermediária do sacerdote ameraba era indispensável, e decorrentemente valorizada e preciosa. O espírito do guerreiro, morto na luta ou sucumbindo pela ação maléfica de inimigos (ninguém falecia de morte natural), vivia em vagas regiões de caça e pesca abundantes, conforme os merecimentos de força e valentia. Podia fazer-se sentir e mesmo remeter mensagens misteriosas pelas vozes dos pássaros noturnos, pela inopinada aparição de certos animais ou especiais disposições eólias, ventos ou aragens, rumor insólito na folhagem seca, feição original de objetos, sonhos avisadores. Mas recado do vivo ao morto é que não havia por toda a América pré-colombina. Desaparecido o cadáver, terminavam as mensagens imediatas. Vivia o guerreiro na imaginação dos companheiros, caçando entre as estrelas e através das nuvens e dos vendavais.

A humana missiva da Zambézia e Daomé, a superstição na Europa Latina, diferem das manifestações sobrenaturais dos "mediuns" indígenas d'América e tudo quanto lemos nas investigações de Malinowski na Melanésia ou de Frobenius no país dos iorubas.

Comumente os *babalaôs* ou *babalorixás* negros encarnam os orixás, deuses e subdeuses sudaneses e bantos e não o espírito dos mortos. Há o indispensável cerimonial que é o cenário impressionador e propiciante do culto. No recado ao morto há uma simplicidade, uma naturalidade que exclui a distância sobrenatural, estabelecendo uma comunicação normal e afetuosa pela correspondência oral e comum.

Esse recado ao morto aparece no nordeste do Brasil, claro e sereno em sua estonteante banalidade surpreendente.

O coronel José Bezerra de Andrade, da Polícia Militar do Rio Grande do Norte, contou-me que, residindo na cidade de Santa Cruz, assistira ao curioso episódio. Na sala pobre velavam o cadáver da dona da casa, falecida durante a noite. Uma vizinha, de meia-idade, aproximou-se lentamente da defunta e dirigiu-lhe a palavra como se falasse com pessoa viva: "A senhora faça o favor de dizer a dona Xiquinha, se se encontrar com ela, que eu me casei com o filho dela e vou passando muito bem. Diga mais que ela já deve ter sabido dessa notícia porque tenho mandado recado por muita gente!" A D. Xiquinha, sogra da mulher, opusera-se ao casamento desta com o filho. Morrera, e o filho casara imediatamente com a namorada. Esta, inesquecida da antipatia da mãe do marido, fiel à mágoa, enviava, sempre que visitava defuntos, recados à sogra, informando-a da vitória. Impressionou ao coronel José Bezerra a naturalidade do ato e a circunstância de todos os assistentes acharem normal e comum o recado da nora à sogra já morta, por intermédio de um cadáver.

Escolhi, de propósito, Antônio Nobre, Georges d'Esparbés e Eça de Queiroz, e não viajantes, naturalistas ou etnógrafos, porque fizeram menção natural de uma ação que julgavam tão integrada no patrimônio usual quanto outra qualquer e não cogitavam, especificamente, de uma demonstração em antropologia cultural. Têm o valor de um depoimento insuscetível de contestação. Murdock fundamentou-se em longa bibliografia. Gorer ouviu o testemunho no próprio ambiente sudanês. O recado ao morto, por intervenção graciosa de outro defunto, é tradição europeia e não ameríndia. Incorporou-se à nossa crendice popular através da superstição recebida de Portugal. Já vimos sua contemporaneidade n'África oriental e ocidental.

De onde viajara, para Portugal, Mulungu?

Cabinda Velha

Não se diz, na voz popular do Brasil, CABINDA mas CAMBINDA. Prolonga, sonoriza, enternece o vocábulo, espalhando-o nas memórias de vinte gerações de mestiços e nas bagaceiras desaparecidas de mil engenhos de fogo-morto.

Estavam os Cabindas incluídos na primeira plana classificadora. Ainda em fevereiro de 1817, o francês L. F. Tollenare escrevia nas suas *Notas Dominicais*, expondo a impressão sobre os tipos dos melhores escravos: "Os negros trazidos da África vêm de Angola, Cabinda, Benguela, Gabão e Moçambique; não os trazem mais da Costa do Ouro desde que o governo português se comprometeu a não permitir mais o tráfico ao norte do Equador. Eram os mais bonitos. Os mais hábeis e mais convenientes para o serviço nas cidades são os negros d'Angola; os Cabindas e Benguelas são dóceis e excelentes para o trabalho agrícola; os Gabões são ferozes e maus; injuria-se um negro chamando-se-o de Gabão. Os de Moçambique são fracos e pouco inteligentes; todos os carregamentos que deles vi chegar aqui eram miseráveis."

A valorização explica a imagem que, quase cento e cinquenta anos depois, ocorria ao poeta pernambucano Jaime Griz:

Ó! Sinhô!
Ó! Sinhô!
Preto Cambinda chegou!

Cambinda, talqualmente Congo e Guiné, foi sinônimo brasileiro do africano. Cambindas eram denominados os grupos dançantes de negros que folgavam pelo Recife em préstito até a porta da Matriz, depois convergindo, funcionalmente, para o Carnaval, no ritmo solene dos desfiles ricos dos Maracatus. Esses grupos distinguiram-se pelo nome evocador, Cambinda Velha, Cambinda Novo, Cambinda Estrela, Cambinda Leão Coroado, Cambinda Elefante, aclamados como glórias locais, nas ruas e pontes da capital pernambucana. Realizavam, até certo ponto do desenvolvimento lúdico, uma Embaixada que saudava os Santos da Igreja, os grandes da cidade e conquistava o povo pela melodia, movimentação, depois, sugestão variada e vistosa dos trajes.

Pereira da Costa (*Folk-Lore Pernambucano*, 1908) salienta "Cabinda Velha" entre os Maracatus exibidos no Carnaval do Recife:

"Entre estes destacava-se o denominado *Cabinda Velha*, desfraldando um rico estandarte de veludo bordado a ouro, como eram igualmente a umbela e as vestes dos Reis e dos dignitários da Corte, e usando todos eles de luvas de pelica branca e finíssimos calçados.

"Os vestuários dos arqueiros, porta-estandarte e demais figuras, eram de finos tecidos e convenientemente arranjados, sobressaindo os das mulheres, trajando saias de seda ou veludo de cores diversas, com as suas camisas alvíssimas, de custosos talhos de labirinto, rendas ou bordados, vistosos e finíssimos; e pendentes do pescoço, em numerosas voltas, compridos fios de miçangas, que do mesmo modo ornavam-lhes os pulsos.

"Para as exibições do Maracatu organizavam-se associações, cujas sedes, pelo Carnaval, ornamentavam-se com esmero, armava-se no salão um trono com dossel para assento dos monarcas, e em lauta mesa, repleta de iguarias e bebidas, tinham assento não somente os membros da sociedade, como também, e preferencialmente, os seus convidados, entre os quais, não raro, figuravam mesmo pessoas de distinção.

"Quando o préstito saía, à tarde, recebia as saudações de uma salva de bombas reais, seguida de grande foguetaria, saudações essas que eram de novo prestadas no ato do seu recolhimento, renovando-se e continuando as danças até o amanhecer; e assim, em ruidosas festas e no meio de todas as expansões de alegria, deslizavam-se os três dias do Carnaval."

    Resplandô,
    Coroou!
    Cambinda Velha
    Foi quem chegou!

Como os mais antigos grupos dançantes tiveram nome de CAMBINDAS, seriam eles a velocidade inicial do que se originou em Maracatu. O nome CAMBINDA é mais velho do que a denominação *Maracatu*. O mais tradicional Maracatu do Recife, Maracatu Elefante, alude insistentemente, nas toadas, a si mesmo, como sendo CAMBINDA ELEFANTE:

Cambinda Elefante
Na rua!

    Chegou Cambinda Elefante
    Dando viva à Nação!

Cambinda Elefante
E nação germam!

                    Vamos vê Cambinda Elefante,
                    Nossa rainha já se coroou!

Vamos vê Cambinda Elefante,
Vadiá com alegria!

Os Cabindas foram sempre confundidos no Brasil com os angolanos, notadamente do grupo etnolinguístico quimbundo, quando pertencem ao quicongo, embora todos sejam bantos. Henry Koster não os menciona, incluindo-os, talvez, entre os Congos. Hábil, ágil, insinuante, airoso, o Cabinda forneceu grande contingente de mucamas, amas de leite, bás prestigiadas pelo afeto do filho-branco. O temperamento acomodatício e quase leviano ajustava-se a qualquer circunstância, *roughing it*, deixando-se considerar *angola* desde que obtivesse proveito. Foi jogador de capoeira, de pau, de navalha, glutão, capaz de heroísmos para defender a preguiça pessoal, capanga* do senhor-moço, moleque confidente, leva e traz, mastigador de gorjetas mas, quando Deus queria, excelente trabalhador e artífice, tão bom escultor quanto um quioco e bailarino infatigável ao jeito de um luanda. Mandando-o escolher, preferia comer, beber e dormir.

O comandante Nuno Queriol, antigo governador de Cabinda, retratou-os incisivamente: "Elegantes, robustos e de feições regulares são os negros da região. Os homens dedicam-se não só a todos os misteres próprios do seu sexo, mas ainda se ocupam em misteres mais próprios do sexo fraco tais como o de lavadeiros, engomadeiros e costureiros. Excelentes marinheiros, são eles quem tripulam todas as embarcações de cabotagem que navegam entre os portos da província, e que remam nas embarcações quer do governo quer de particulares. Em todos os ofícios se ocupam os Cabindas, carpinteiros, serralheiros, fogueiros, alfaiates, etc., pululam aos centos por toda a costa e interior da Província e Estado Independente (do Congo). Como serviçais agrícolas não valem um maravedi. O cabinda é de sua natureza ratoneiro e bêbedo. Assim não raro as cadeias se abrem para receber no seu seio estes engenhosos matemáticos que acham um objeto antes do dono o haver perdido." Deixam as esposas, viajando para o estrangeiro, mas se esquecem de voltar. Ganhando dinheiro, compram obstinadamente luxuosas inutilidades. Sobre essa irregularidade da orografia sentimental, não perdem o esmalte da simpatia imperturbável.

---

* *Kapanga* é topônimo no Congo ex-belga, na fronteira de Portugália, Angola.

Meu avô materno, o capitão Manoel Fernandes Pimenta, afirmava ser o Cabinda o mais risonho e bem-humorado dos escravos. *Acha graça no vento!* dizia, com o seu "saber de experiências feito".

Em dezembro de 1816, L. F. de Tollenare, percorrendo Escada ou Ipojuca, em Pernambuco, informava: "Em Sibiró há uma negra chamada Teresa Rainha; era rainha em Cabinda. Surpreendida em adultério, foi condenada à escravidão, e caiu do trono na senzala de um senhor brasileiro. Quando chegou trazia nos braços e nas pernas anelões de cobre dourado. As suas companheiras testemunhavam-lhe muito respeito. Era imperiosa e recusava-se a trabalhar." Obedeceu sob chicote e perdeu as duas mãos, esmagadas num cilindro da moenda de cana. "Era uma bela mulher, de 27 a 28 anos, muito alegre e palradeira. Quis convencê-la de que havia sido apenas a concubina de algum chefe negro. Sustentou, altiva e obstinadamente, que fora Rainha de Cabinda. Hoje não pode mais trabalhar. Empregam-na, porém, utilmente, para vigiar as companheiras, e sabe fazer-se temer e obedecer." Continuava tendo filhos de pais ignorados. Tollenare ofereceu-lhe uma agulheta de ouro e Teresa Rainha apaixonou-se por ele. Destino de todo francês viajante, discreto e confidente.

Inesquecíveis dias de Cabinda! Temperatura abafada, úmida e morna, de banho turco. Provo bebida feita com jindungo, pimentas vermelhas e acres. Vejo um papagaio-cinzento, de ornamental rabo escarlate, mantendo-se em majestoso silêncio, no ombro da gorda dona sorridente. Em Belém da Luz Celeste conheci o duque de Chiaze, fidalgo cabinda, ex-vice-cônsul de Portugal em Dakar, esperto e desembaraçado. Na Missão Católica da Congregação do Espírito Santo, o padre Manuelino de Oliveira mostra-me sua coleção de testos de madeira, esculpidos, *mabaia manzungu*, com motivos de orientação moral ou intenção satírica. Não consigo lembrar-me de algum povo com iguais desígnios de ética normativa, mesmo com outro nível de cultura e gabo racial, usando essa fórmula. Um desses testos é obra-prima, de significação evidente, imediata, comovedora. Um rapaz, com um braço cortado, está sendo conduzido no conforto de uma maxila, suspensa aos ombros de dois servos. Um homem, com a perna amputada, arrasta-se penosamente pelo solo. Devia realizar-se o contrário no plano de transporte, mas ao lado da maxila, em relevo, há o sinal da realeza. O moço sem braço é um príncipe. O velho sem perna é um plebeu. Acabou-se a estória, humana, dolorosa, real, fixada num palmo quadrado pela mão de um preto fiote. Esses testos serviam, lógica e unicamente, para tapar panelas ferventes. Utilizar a tampa desse prosaico utensílio com finalidades de sugestão psicológica, ensinando, na superfície de um disco de madeira, uma inteira aula régia de justiça formal, altera a sentença do julgamento crítico sobre a inteligência reflectiva desses Cabindas, analfabetos e poderosos de intuição comunicante. Outros testos avisam, doutrinam, estabelecem imagens de obediência, hierarquia, conformação, equilíbrio social, no recorte ingênuo de figuras cheias de primitivismo e ternura. De onde lhes veio essa técnica obscura e sutil do ensino pela visão de objetos simples, humildes e familiares? Ao destapar a panela, os olhos do marido, dos filhos, da mulher, noivo ou noiva, recebiam a mensagem assimilável e clara nesse desenho espontâneo e suficiente. Toda a minha zombaria, interior e concentrada, evaporou-se. Também em Cabinda verificava-se que o Espírito sopra onde e em quem quer...

Naturalmente já não esculpem mais as regras do Bem-Viver no dorso das tampas de pau. O Deus Progresso espavoriu essa Fada Civilização.

Vejo a floresta unida e densa, o escuro verde tropical de Maiombe, onde vivem os gorilas invisíveis. Em Simulambuco visito o monumento com uma placa memorizante: "Neste lugar em Simulambuco foi assinado a 1º de fevereiro de 1885 o tratado que integrou o território de Cabinda na Nação Portuguesa." Estão sepultados os soberanos dessa terra tchoa, os reis fiotes da dinastia dos Puna, modesta e prudentemente reduzidos ao baronato, título dado por El-Rei D. Luís a Manuel José Puna, seu afilhado de batismo em 1871, feito coronel honorário do exército português, falecido em agosto de 1901 e que assinara o tratado[*]. Não deparo com os anunciados índices da indolência cabinda. Os homens passam apressados. As mulheres ondulam sob os trajes coloridos e sedutores. Às costas, amarrados nas faixas, os *miúdos*, serenos como pequeninos anjos de ébano.

Leio um volume de um outro príncipe cabinda, Dom Domingos José Franque, Bona Zanei N'Vinda, *Nós, Os Cabindas* (Lisboa, 1940), coordenação e notas do sr. Manuel de Resende, com estórias que não vêm na História. Minhas perguntas mentais vão sendo respondidas pelo aristocrático Dom Domigos, fardado, enluvado e notável, na dupla autoridade da tradição familiar herdada e da observação contemporânea, individual e direta.

O Império congolês teve o seu início em 1482, antes de Diogo Cão, ou um pouco mais além. Dizia-se N'GOIO. Havia a crença do Rei do Congo não dever ver o mar depois de coroado. Em 1894 o rei D. Álvaro d'Água Rosada rompeu o tabu. Faleceu na sua capital, São Salvador, a 18 de outubro de 1895. Castigo!...

---

[*] O Barão de Cabinda atual (1963), creio que o V, reside em Luanda. Tem casa em Incola.

Havia um *Povo de Pernambuco*, local e população em Cabinda.

Julgavam os Reis à sombra de uma árvore, como David ou Luís IX de França. Era a *Muanza Quilua*, sombra da Verdade.

Fumo era o Príncipe.

Não havia edifício para prisão. O condenado carregava correntes mas perambulava, solto.

A donzela passava pela iniciação na "Casa da Tinta", doutrinada, orientada, pintada pelas velhas sabedoras das usanças. Era solenemente apresentada como apta para o matrimônio. Não aparecendo candidato, comprador pagando o dote, podia tornar-se *n'dumba*, prostituta. Era-lhe ainda facultado o direito de ser *mulher séria*, proclamando-se pelas ruas com tiros de espingarda. Cerimônia custeada e promovida pelo amante definitivo.

Quando o marido prevaricava, devia contar o fato à esposa e dar-lhe um presente como multa. Ele, não ela.

Entre os ambundos havia a réplica. Escreve Luís Figueira (*África Banto*, Lisboa, 1938): "As mulheres possuem, pela sua vida, relativa liberdade sexual e a tolerância da coletividade indígena é manifesta para essas faltas, apesar de proibido o adultério, mas no período de gravidez não comete tais delitos! Tem a superstição de sobreviver parto laborioso, difícil, de morrer num sofrimento atroz, se durante esse tempo tiver relações sexuais com outro homem que não seja o marido oficial! Na ocasião do parto, se surge complicação, interrogam a parturiente acerca das faltas, das infidelidades, e esta confessa imediatamente na persuasão de atenuar o mal pelos expurgos nigromantes, pelas feitiçarias adequadas. Declina o nome do amante, do sedutor. Ele arrosta com as consequências, caso sobrevenha a morte ou se a doença do parto se complica. A ele pedem contas dos gastos feitos a fim de curar a parturiente; ele é obrigado a pagar tudo e a indenização de um boi no caso de morte!"

O Prof. Alberto Xavier da Cunha, da Universidade de Coimbra, estudando na aldeia de Benetenfla, Costa do Marfim, a tribo To, de etnia Gouro, em 1958, encontrou o costume idêntico aos ambundos de Angola: "A mulher em trabalho de parto, e antes que este se dê, deve confessar às mulheres que lhe assistem as suas faltas, especialmente os seus adultérios, denunciando o nome dos seus amantes." As confidentes delatam ao marido e, nascida a criança, o esposo, com toda a família solidária, exige o pagamento indenizatório ao ou aos namorados da cônjuge. Polígamos, os chefes cabindas constroem as moradas das esposas sabiamente separadas "para não permitir que as conversas sejam ouvidas".

Macaco veio é expressão designando astúcia, finura, experiência do mundo. Deve ter ido do Brasil porque "macaco" é sul-americanismo.

Meter um prego no ídolo é fazer promessa. Quando a pagam, retiram o prego. Noutras regiões do Baixo Congo o costume é o inverso. A conservação do prego na madeira do ídolo testifica a intervenção sobrenatural.

"Comer fazenda" é receber presentes intencionais.

"Os maiores rendimentos dos Reis do N'Goio eram resultantes dos impostos pagos pelos mercadores de escravos... Já se perdeu a maior fonte de receita, que era constituída pelo imposto que pagavam os comandantes das barcas negreiras." *N'Bicó* era esse imposto de exportação escrava em Cabinda. Toda exaltação da literatura abolicionista dirigia-se contra o comprador e não o vendedor de homens.

O pano do primeiro mênstruo ficava exposto à porta da cubata. Edital da existência de mais uma mulher no grupo tribal.

O branco trouxe o aperto de mão. Também os amerabas brasileiros.

"O beijo era absolutamente desconhecido e não tem na nossa língua designação própria." Semelhantemente no Brasil do século XVI.

Havia uma escravidão voluntária. O candidato deveria partir qualquer objeto de louça ou vidro, tornando-se escravo do proprietário. Tomava então o nome de IBULABUNGO, "quebrador de louça", sinônimo de cativo. Quando o escravo desgostava-se do senhor, aconselhavam-no: "Mude de senhor, quebrando um objeto de outra pessoa." Não se praticava qualquer violência física para com ele. "Não tem a nossa escravidão os horrores da que era praticada pelos brancos."

Havia ordálio pelo veneno.

Informação memorável: "O trabalho é considerado pelo cabinda como o maior mal e evita-o o mais cuidadosamente possível."

Diz-se no Brasil, notadamente no nordeste e na linguagem popular, *fióta* ou *fióte*, valendo casquilho, elegante, janota. *Está todo fiote!* Será do peralvilho cabinda, o negro fiote, pisa-flores, airoso e peralta, o vocábulo, na ironia dos velhos escravos nos eitos pernambucanos?

A Vila de Banana, no ex-Congo Belga, fica a 6 quilômetros daqui na margem direita do rio. Fixa a nativídade nominal da musácea que o Brasil indígena dizia pacova (*Musa paradisiaca*) e que divulgaria com aquele nome, nacional para nós, na espécie vinda da Índia, por intermédio da ilha de São Tomé (*Musa sapientum*). Banana ficaria nome brasileiro.

Voltando para Luanda tenho oportunidade feliz de molhar a mão no rio Congo, água do Zaire, pisando as areias

> onde o Zaire passa, claro e longo

O avião bimotor precisa de cinco minutos para atravessar-lhe a foz, aberta em leque no Atlântico.

U M B I G A D A

*N*enhuma dança indígena do século XVI compreendia a umbigada.

Dançavam em círculo, marcado o ritmo pelo soar dos maracás. Vezes havia canto. Quase nunca tambores ou flautas.

Danças unicamente de guerreiros, como Jean de Léry assistiu no Rio de Janeiro de 1557. "Unidos uns aos outros, mas de mãos soltas e fixos no lugar, formam roda, curvados, para a frente e movendo apenas a perna e o pé direito; cada qual com a mão direita na cintura e o braço e a mão esquerda pendentes, suspendem um tanto o corpo e assim cantam e dançam."

O padre Fernão Cardim escrevia em 1584: "Os seus bailos não são diferenças de mudanças, mas é um contínuo bater de pés estando quedos, ou andando ao redor e maneando o corpo e cabeça... Cem homens bailando e cantando em carreira, enfiados uns atrás dos outros, acabão todos juntamente uma pancada, como se estivessem todos em um lugar... As mulheres bailão juntamente com os homens, e fazem com os braços e corpo grandes gatimanhas e momos, principalmente quando bailão sós."

Gabriel Soares de Sousa, na Bahia, entre 1569 e 1584, cita os tupinambás: "... cantam e bailam juntamente em uma roda."

Nas primeiras décadas do século XIX, Augusto de Saint-Hilaire descreve um bailado dos Coroados em 1816: "Alinharam-se em duas filas, os homens na frente e as mulheres atrás: os primeiros seguravam o arco e as flechas em posição vertical, e aquelas dentre as mulheres que tinham crianças de peito, conservaram-nas nos braços. Assim dispostos, puseram-se a cantar em tom lúgubre e melancólico, e, ao mesmo tempo, começaram a dança. Avançavam uns em seguida aos outros caminhando com gravidade e medida, ora sobre um pé, ora sobre o outro; desse modo faziam em linha reta uma dúzia de passos; toda a fila se voltava então; os que tinham estado adiante ficavam para trás, e recomeçavam em sentido contrário. A esta primeira dança sucedeu uma outra que tinha por objeto, disseram-nos os índios, celebrar a derrota do jaguar, e que era acompanhada de um canto pouco menos lamentável. Caminhavam do mesmo modo em duas filas em um muito pequeno espaço; mas, em lugar de conservar o corpo erecto, curvavam-no para diante, apoiavam um dos punhos na anca, e saltavam com um pouco mais de vivacidade. Quando acabaram de dançar trouxeram-lhes feijão e milho."

Von Martius regista uma dança dos Puris em Minas Gerais, 1818: "Os homens puseram-se em fila; atrás deles puseram-se igualmente em fila as mulheres. Os meninos, aos dois ou três, abraçaram-se aos pais; as meninas agarravam-se, por detrás, às coxas das mães. Nessa atitude puseram-se eles a cantar: *Hanjo-há, há-há-há*. Com meneios tristonhos, foram repetidas dança e cantiga, e ambas as fileiras se moveram num compassado andamento a três tempos. No primeiro e terceiro passos, colocam o pé esquerdo à frente; no segundo passo, o pé direito; nos seguintes três passos, colocam, no primeiro e terceiro passos, o pé direito, ao mesmo tempo que se inclinam para a direita. Deste modo, movimentam-se alternadamente, com pequenos passos, um pouco mais para diante. Logo que o tema musical se conclui, recuam, primeiro as mulheres com as meninas, e depois os homens com os meninos, como que em fuga desordenada. De novo se colocam em posição e repete-se a mesma dança."

Mas agora aparece a umbigada como elemento novo e característico. "Depois, passaram de uma toada para outra, e a dança tomou feição inteiramente diversa... As mulheres remexiam os quadris fortemente, ora para a frente, ora para trás, e os homens davam umbigadas; incitados pela música, pulavam fora da fila, para saudar, desse modo, aos assistentes. Deram com tal violência o encontrão num de nós, que este foi obrigado a retirar-se quase sem sentidos com tal demonstração de agrado, pelo que o nosso soldado se postou no lugar, para dar a réplica da umbigada, como é de praxe. Esta dança, cuja pantomima parece significar os instintos sexuais, tem muita semelhança com o batuque etiópico, e talvez tenha passado dos negros para os indígenas americanos."

Os negros estavam com os Puris e um deles serviu de intérprete a von Martius. A umbigada provinha deles. Os banhos ocidentais, porque nos orientais, mesmo nos bailados violentos dos macuas e dos lomués, não há umbigada.

João Emanuel Pohl vê os bailes dos Poracramecrãs no Maranhão, em 1819. Não modificaram a técnica do século XVI. Os homens da comitiva de Pohl dançam o *bodurzi, boduzke, bondurzi, botucke*, que o grave alemão adverte *que se deve distinguir do batuque, dança usual entre os negros*. Distinção que somente Pohl seria capaz de estabelecer em face da unidade indiscutível: "O *bondurzi* é dançado da maneira seguinte: Todos se põem em círculo. Um homem salta para a frente e dança à vontade em volta do círculo, até que segura uma mulher pela cintura, bate os joelhos violentamente contra os delas e volta ao círculo. Então, a mulher fica no círculo, dança em volta e com o mesmo movimento escolhe um homem, que depois solta. Tudo se faz ao som de uma viola e os espectadores batem as palmas, de acordo com o compasso, repetindo um estribilho, como, por exemplo: *Areia do mar!* Os brasileiros gostam tanto dessa dança, que são capazes de continuá-la durante toda a noite, embora com isso tanto se excitem e se fatiguem, que muitas vezes caiam exaustos e tenham de ficar doentes no dia seguinte. Desde os primeiros tempos, os missionários combateram violentamente essa dança, por ser indecente. Nisso se distinguiram sobretudo os capuchinhos, da *propaganda fide*, de Roma. Não conseguiram, porém, aboli-la, por ser, como já dissemos, apaixonadamente apreciada por todos os habitantes."

Se o "choque" fosse nos joelhos os missionários não protestariam.

Viajando em Minas Gerais, 1814-1815, com o barão de Eschwege, Georg Wilhelm Freyreiss descreveu um Batuque legítimo, há 150 anos passados. Antecipava as conclusões de Pohl: "Entre as festas merece menção a dança brasileira, o *Batuque*. Os dançadores formam roda e ao compasso de uma guitarra [devia ser viola] move-se o dançador no centro, avança e bate com a barriga na barriga de outro da roda, de ordinário pessoa de outro sexo. No começo o compasso da música é lento, porém, pouco a pouco aumenta e o dançador do centro é substituído cada vez que dá uma umbigada; e assim passam noites inteiras. Não se pode imaginar uma dança mais lasciva do que esta, razão também por que tem muitos inimigos, especialmente entre os padres. Assim, por exemplo, um padre negou a absolvição a um seu paroquiano, acabando desta forma com a dança, porém, com grande descontentamento de todos. Ainda há pouco dançava-se o *batuque* em Vila Rica (Ouro Preto) numa grande festa e na presença de muitas senhoras que aplaudiam freneticamente. Raro é ver outra dança no campo, porém, nas cidades as danças inglesas quase que substituíram o *batuque*."

Um dos veículos da umbigada fora Lundu, cantado e dançado com intensa simpatia. O padre Miguel do Sacramento Lopes Gama (*O Carapuceiro*, Recife, novembro de 1842) evocava os bailes preferidos no velho Pernambuco:

> Em bodas e bautizados
> He que se dava função;
> Dançavam-se os Minuetos,
> Comporta, o Coco e o Sabão.

> Ao som da citra e viola
> Também era muito usado
> *O dançar às umbigadas*
> *O belo Landum chorado.*
>
> Aqui pelo nosso mato,
> Qu'stava então mui tatamba,
> Não se sabia outra cousa
> Senão a dança do Samba.

Coco, Sabão, Lundu e Samba obrigavam a umbigada.

O Lundu, Landum, é o pai do *Fado* português, dança popular no Brasil quando lá se ignorava, felizmente. No tempo do Rei Velho (D. João VI) era indispensável nas reuniões familiares, notadamente no sul brasileiro.

Manuel Antônio de Almeida, *Memórias de um Sargento de Milícias* (Rio de Janeiro, 1854-1855), desenha o quadro anterior a 1821: "Já se sabe que houve nesse dia função: os convidados do dono da casa, que eram todos d'além-mar, cantavam ao desafio, segundo os seus costumes; os convidados da comadre, que eram todos da terra, dançavam o fado."

Ninguém mais conhece no Brasil o *fado-dança* mas repetem o *bater o fado*, talqualmente fazem em Lisboa. Não custa recordar como viajou do Rio de Janeiro para Portugal. É ainda Manuel Antônio de Almeida (1831-1861):

"Todos sabem o que é Fado, essa dança tão voluptuosa, tão variada, que parece filha do mais apurado estudo da arte. Uma simples viola serve melhor do que instrumento algum para o efeito. O Fado tem diversas formas, cada qual mais original. Ora, uma só pessoa, homem ou mulher, dança no meio da casa por algum tempo, fazendo passos os mais dificultosos, tomando as mais airosas posições, acompanhando tudo isso com estalos que dá com os dedos, e vai depois pouco a pouco aproximando-se de qualquer que lhe agrada; faz-lhe diante algumas negaças e viravoltas, e finalmente bate palmas, o que quer dizer que enfim acompanha-se de novo. Assim corre a roda toda até que todos tenham dançado.

"Outras vezes um homem e uma mulher dançam juntos; seguindo com a maior certeza o compasso da música, ora acompanham-se a passos lentos, ora apressados, depois repelem-se, depois juntam-se; o homem às vezes busca a mulher com passos ligeiros, enquanto ela, fazendo um pequeno movimento com o corpo e com os braços, recua vagarosamente, outras vezes é ela quem procura o homem, que recua por seu turno, até que enfim acompanham-se de novo.

"Há também a roda em que dançam muitas pessoas, interrompendo certos compassos com palmas e com um sapateado às vezes estrondoso e prolongado, às vezes mais brando e mais breve, porém sempre igual e a um só tempo. Além destas há ainda outras formas de que não falamos. A música é diferente para cada uma, porém sempre tocada em viola. Muitas vezes o tocador canta em certos compassos uma cantiga às vezes de pensamento verdadeiramente poético.

"Quando o Fado começa custa a acabar; termina sempre pela madrugada, quando não leva de enfiada dias e noites seguidas e inteiras."

Em Lisboa o Fado não é dançado. Cantam-no à guitarra. "Bate-se o Fado." No Brasil Pohl o viu dançar em Vila Rica, dezembro de 1820, como *fandango*: "Entre as danças, há o fado ou fandango, que é apreciado apaixonadamente, especialmente pelo belo sexo."

Esse *fado* era dançado no norte e nordeste do Brasil sob o nome de *Lundu*. Assim Tollenare registou-o no Recife e na Cidade do Salvador em 1816-1817.

Nicolau Tolentino (1740-1811) foi contemporâneo da Comporta e do Lundu, Lundum em Lisboa.

> Em bandolim marchetado,
> Os ligeiros dedos prontos,
> Louro peralta adamado
> Foi depois tocar por pontos
> O doce *lundum chorado*.
>
> Se Márcia se bamboleia
> Neste inocente exercício;
> Se os quadris saracoteia;
> Quem sabe se traz cilício,
> E por virtude os meneia?

O brasileiro Domingos Caldas Barbosa (1738-1800) compunha e cantava o meigo *Lundum gostoso* para os ouvidos da Lisboa fidalga de Dona Maria I.

Em maio de 1745 El-Rei D. João V proibira que dançassem as *cheganças*. Teriam elas valorizado as umbigadas africanas por toda a gente moça do Reino, seduzida na cadência "rebolada de quadris, jogada de lombos, batida de ventres", como resumira Júlio Dantas. Contaminara, essa e outras, muito bailados regionais, VIRA, BAILARICO, VERDE GAIO, SARAPICO, MALHÃO, CANINHA VERDE, que o Brasil conheceu, nas derradeiras décadas do século XIX, através das revistas de costumes portugueses, aplaudidas nos teatros mais populares.

A umbigada fora *made in Africa*, com mercado consumidor luso-brasileiro.

Pelo Brasil o Lundu convergiu para o BATUQUE, a BATUCADA atual, espalhando os primeiros venenos rítmicos em determinadas classes sociais. O BATUQUE, termo genérico, dominou o território nacional. Era ainda a prestigiosa voga de Angola, impondo a denominação. O sr. Elias Alexandre da Silva Correia (*História de Angola*, I, Lisboa, 1937) informa: "BATUQUE, dança indecente que finaliza com umbigadas." Da onipotência do BATUQUE no Brasil há registo no *Dicionário do Folclore Brasileiro* (Rio de Janeiro, 1962),* com o cortejo convergente; Coco, Lundu, Sabão, Samba, Zambê, Catolé, Bambelô, e a variedade de aplicações, religiosas e ginásticas.

BATUQUE é o nome dado pelos grandes viajantes portugueses n'África Oriental e Ocidental, Gamito, H. Capelo, R. Ivens, Serpa Pinto, aos tambores e aos bailes pretos. Batuque é a coreografia e o instrumental percussor.

Alfredo de Sarmento (*Os Sertões d'África*, Lisboa, 1880) desenha, indelevelmente, o BATUQUE do Congo e norte de Ambriz e o de Luanda:

"Forma-se um círculo de dançadores no meio de uma arena, ficando em redor os assistentes. Formado o círculo, saltam para o meio dois ou três pares, homens e mulheres, e começa a diversão. A dança consiste num bambolear sereno do corpo, marcado por um pequeno movimento dos pés, da cabeça e dos braços. Estes movimentos aceleram-se conforme a música se torna mais viva e arrebatada, e em breve admira-se um prodigioso saracotear de quadris, que chega a parecer impossível poder-se executar, sem que fiquem deslocados os que a ele se entregam... Quando os primeiros pares se sentem extenuados, vão ocupar os seus respectivos lugares no círculo, e são substituídos por outros pares, que executam os mesmos passos... em Luanda e em vários outros presídios e distritos, o Batuque difere deste que se acaba de descrever e que é peculiar do Congo e dos sertões situados ao norte do Ambriz. Naqueles distritos e presídios, constitui também Batuque num círculo formado pelos dançadores, indo para o meio um preto ou uma preta, que, depois de executar vários passos, vai dar uma umbigada (a que chamam *semba*) na pessoa que escolhe entre as da roda, a qual vai para o meio do círculo substituí-lo. Esta dança, que se assemelha ao nosso *fado*, é a diversão predileta dos habitantes dessa parte do sertão africano (Congo) onde a influência dos europeus tem modificado de algum modo a sua repugnante imoralidade."

De realçar a aproximação entre BATUQUE e *Fado*. Ambos tiveram no *Lundu* uma forma de transição propagadora.

Quando *Batuque* e *Fado* são vocábulos portugueses, o primeiro pelo menos de formação lusitana e divulgado pelos portugueses n'África

---
* Edição atual – 12. ed. São Paulo: Global, 2012. (N.E.)

Ocidental, *Lundu* é africanismo, dança do Congo e popular entre quimbundos e já mencionada pelo capuchinho italiano frei Bernardo Maria de Cannecatim no seu *Dicionário da Língua Bunda* (Lisboa, 1804) como um dos *usos menos abomináveis*. No *Dicionário* do brasileiro Antônio de Morais Silva regista-se como: "Uma dança chula do Brasil, em que as dançarinas agitam indecentemente os quadris." Esse Lundu, embora Cannecatim o cite em 1804 ao lado do *batuque* em Angola, deveria ter sido a inicial sacolejante do gênero. Único bailado que, com o *Samba*, conservou a denominação do quimbundo.

Em 1878, entre os quilengues no sul de Angola, H. Capelo e R. Ivens transmitem a mesma figura fixada por Alfredo de Sarmento: "Após três ou quatro voltas perante os espectadores, termina o dançarino por dar com o próprio ventre na primeira ninfa que lhe parece, saindo esta a repetir cenas idênticas" (*De Benguela às Terras de Iaca*, I, Lisboa, 1881).

O Lundu-dança, já bailado no tempo do *Peregrino da América* (1728) e ainda lembrado em 1842 no *Carapuceiro*, desaparecera à volta de 1870, vivendo, como ainda hoje, o Lundu-canção. Batuque-e-Samba haviam esvaziado o sentido coreográfico do Lundu.

A umbigada é o elemento essencial nas mais tradicionais danças angolanas. Heli Chatelain (*Folk-Tales of Angola*, Boston and New York, 1894) expõe a cena, tantas vezes presenciada: *One of the essential parts of most native dances in Angola is the smacking of stomachs* (KU-BELELA). *Two dancers, leaving the circle, advance trippingly toward each other, and, when near enough, simultaneously thrust forward their stomachs so that they touch; then they gracefully turn round with a bow, seek another party in the ring, and repeat the smack. Those just smacked jump into the circle, smack each other, and choose their successors in the ring; and so it goes on and on.*

Com a mesma e crescente vulgarização no Brasil, do Batuque, há o SAMBA, dança e reunião dançante.

Que significará Samba em Angola?

Semba é umbigo em quimbundo. *Dissemba*, singular; *massemba*, plural. No *Dicionário Etimológico Bundo-Português*, do Padre Albino Alves, C. S. Sp. (II, Lisboa, 1951), regista-se: "SEMBA, dança." Não SAMBA. No *Dicionário Kimbundo-Português*, de A. de Assis Júnior (Luanda, Argente, Santos e Cº) lê-se: "MASEMBA, umbigada (na dança). KUSEMBA, v. tr. e intr. Agradar, galantear, desvanecer." Óscar Ribas (*Missosso* III, Luanda, 1964) disse-me: "SAMBA é deformação de SEMBA pois qualquer dos bailados é constituído de umbigadas." A dança REBITA, onde há o passo FOGOPE com a umbigada, dizia-se realmente MASEMBA. REBITA é de Benguela.

SAMBA é nome próprio, divulgadíssimo na toponímia de Angola: Samba, povoação no sobado de Calumbu, Quilende; Samba em Caculo--Cabango, Muxima; Samba em Huí-iá-Cava, Ambaca; Samba em Senze, Massangano; Samba em Calanga, Ambaca; Samba-Caju, povoação no sobado de Caenda, Ambaca; Samba-Calanga em Quitala, Ambaca; Samba--Calombo, sobado de Caculo, Ambaca; Samba-Cango, povoação em Duque de Bragança; Samba-Cariombua, em N'Gonga Quilembo, Ambaca; Samba--Conze, sobado de Samba-Lucala, Ambaca.

O nome ainda corre no Sahel, região do Sudão e do Saara, entre Tombuctu e o Atlântico, onde Leo Frobenius recolheu as aventuras do SAMBA KULUNGO, e na Costa do Ouro, onde há a estória do príncipe SAMBA GANA, figurando no seu *Decameron Negro* (1910).

Nome de homem e de mulher. Gregório de Matos, despedindo-se da hospitalidade baiana de Paranamirim, na segunda metade do século XVII:

> Adeus, amigo Fernando,
> Que ao som de uma guitarrinha,
> Atraís a vossa casa
> Toda a Angola e toda a Mina.

Aludia, rancoroso:

> Adeus, Catona bizarra,
> Adeus, gente da cozinha,
> Adeus, putíssima Samba,
> E honestíssima Luzia.

SAMBA é também rezar, orar, suplicar a Deus. O dr. Antônio Joaquim de Macedo Soares (1880) estende longo verbete no assunto:

"SAMBA é um verbo conguês da 2ª conjugação, que significa 'adorar, invocar, implorar, queixar-se, rezar'. Quem reza queixa-se de seus males, invoca a divindade a quem adora, e pede remédio e consolação. *Samba* é, pois, rezar. No angolense ou bundo, igualmente, rezar é *cusamba*: na conjugação o verbo perde a sílaba inicial do presente do infinito; de sorte que, além deste tempo e modo, em todos os outros o termo bundo é *samba*, e assim é também o substantivo 'adoração, reza', *samba, mussambo*. 'Dançar' é no bundo *cuquina*; no congo, *quinina*. Como, pois, *samba* é dança? É sem dúvida; mas uma dança religiosa, como é o *candombe*, uma cerimônia do culto, dança em honra e louvor da divindade, homenagem semelhante à de David, o rei-profeta, salmeando e dançando em frente do tabernáculo, dança como a dos sacerdotes de todas as religiões primitivas, uma função hierática.

"No Brasil não é outra coisa, tomada a palavra na sua popular e genuína acepção; é a dança sagrada dos feiticeiros, dos curandeiros, dos rezadores de quebrantos e olhados, dos dispensadores da fortuna. Nós, a gente culta, damos, com o desprezo da indiferença ou da repugnância, o nome de *samba* a qualquer dançado dos negros, ou dos brancos que se deitam na esteira deles; os negros, porém, e o poviléu que em sua companhia comunga na mesa do *pai Quimbombo*, o sacerdote e médico, esses não confundem. O *samba* é a dança ritual, a dança da reza; a profana, o baile, o mero divertimento, é o *batuque*, o *lundu*, o *jongo*, a *xiba*, ao som da *puíta*, e da *zabumba*, e do *ricungo* e do tamboril de pandeiro."

O Dr. A. J. de Macedo Soares, um mestre na pesquisa cultural e popular brasileira, um precursor legítimo, inspirou-se na própria imaginação. Samba, rezar, nome pessoal, umbigo, são palavras homofonógrafas, escrita e pronúncia idênticas e sentido diverso. Não há dança angolana, com intenção religiosa, denominada samba. Nem há notícia brasileira de sua existência no nosso patrimônio folclórico. As menções mais distantes denunciam-lhe o caráter festivo, prazenteiro, jovial; típico, único, essencialmente lúdico. Lopes Gama, escrevendo em 1842, informava que, pelo interior da província de Pernambuco:

> Não se sabia outra cousa
> Senão a dança do Samba.

na função inalterada que lhe conhecemos: divertir, agradar, uma das acepções do verbo *semba*.

Uma dança de Benguela, comum e velha em Luanda onde a assisti, é a REBITA, onde há o passo do FOGOPE, com umbigadas de todos os pares. Corresponde relativamente à BATUCADA de São Paulo (Alceu Maynard Araújo, *Danças, Recreação, Música*, S. Paulo, 1964). Ou como o desaparecido *bate-baú* na Bahia, citado por Edison Carneiro. No Dundo, terra de Lunda, presenciei a dança CASSONDA, dos pretos Bangalas, unicamente masculina, com alternadas umbigadas. Os bailarinos tinham vindo do sobado Tchiluange Ganga, rio Tchitoco, afluente do Cuango, em Cacole, Angola, para a festa promovida pelo Museu. O soba, presente, estava justamente orgulhoso dos aplausos obtidos pelos súditos.

Em Moçambique há danças com umbigadas. A mais conhecida é a XINGOMBELA, informou-me o poeta José Craveirinhas, em Lourenço Marques. É, como as anteriores, bailado de roda, com participação feminina.

A BATUCADA, o BATUQUE mais favorito e vulgar no Brasil, é vindo de Angola: percussão, um dançarino-solista escolhendo o sucessor pela umbigada, depois da exibição coreográfica. A roda dos assistentes entoa refrão, respondendo à toada do *tirador*, quase sempre um dos tocadores de tambor. É o mesmo Coco, Coco-de-roda, Zambê, o Samba primitivo, Bambelô nas praias do Rio Grande do Norte.

A umbigada é mais frequente nas danças do oeste que no levante africano. Parece uma "permanente" banto e não sudanesa. Aparece com os Banziris de Oubangui, na República Centro-Africana, descendo pelos Congos, Cabinda, para os povos do litoral do Atlântico, vindo para Angola. Para Moçambique e as Rodésias o veículo seria a região de Katanga.

Não tenho informação de outras paragens na geografia da umbigada. Resta um *Midsummer Night's Dream*.

Que significará a umbigada como elemento coreográfico? Demonstração única de rápido contato sexual? Exibição erótica sob o disfarce lúdico? Vestígio de um rito cuja explicação desapareceu na memória dos dançarinos?

Nos bailados que vi em Angola, *Cassonda* no Dundo e o passo do *Fogope* na *Rebita* em Luanda, no que ouvi da *Xingombela* em Moçambique, a umbigada ocorre sem que constitua, como no Brasil, o convite para a substituição do bailarino-solista. O que vi em Angola apenas se repete na Batucada de São Paulo. Pelo nordeste a *batida* é a forma de provocação cordial ao suplente escolhido. Quem deu a umbigada retoma seu lugar na roda assistente, talqualmente Alfredo de Sarmento, Capelo e Ivens registaram no norte e no sul de Angola. Há, mesmo em Angola, outras fórmulas de escolha. Bater o pé diante da sucessora ou sucessor, ou saudá-lo com ligeira vênia. Apareceriam muito depois da umbigada. Esta, para mim, seria a maneira inicial, de expressivo conteúdo simbólico.

E por que a umbigada?

Existe uma unanimidade interpretando a esteatopigia das estatuetas negroides de Grimaldi, as "vênus" adiposas de Willindorf, Laussel, Lespugne, Savignano, como representações votivas da Fecundidade. Estranho que hotentotes, bosquímanos e pigmeus não tivessem conservado ídolos com aquela desmesurada projeção glútea. Nem mantido, nas danças tradicionais, algum gesto onde os quadris funcionassem como participantes efetivos. Documenta-se esse pormenor em bailados dos negros Canori do Bornu, no Sudão, onde não existe nenhuma efígie esteatopígica estimulante. Estranho ainda, *debita reverentia*, que a imagem da fartura paleolítica e da abundância neolítica fossem as nádegas e não os seios ou o ventre. *Où la fécondité va-t-elle se nicher...* As mulheres hotentotes e as bosquímanas costumam avolumar a cinta, com peles, panos, tecidos vegetais desfiados, aumentando a massa das ancas, num requinte excitador de suprema elegância, como as europeias usaram as anquinhas e os *poufs*, lembrada *tournure, qui sert à faire bouffer la jupe par derrière*. Hotentotes e bosquímanos pelo sul de Angola tiveram contato com grupos bantos que se encantaram com a moda da saliência posterior e foram justamente os bunda, mbunda, mambundas. O sr. Luís Figueira ensina-me que "Bunda ou mbunda é o conjunto da cinta e nádegas do corpo humano, no dialeto ambundo". Corresponde ao *mitanda* dos luchazes. Aqueles grupos são conhecidos vulgarmente por Ambuélas. Os tambores maiores, redondos, são os *nbumbi*. Todos esses elementos linguísticos e etnográficos não alcançam uma valorização da esteatopigia no plano coreográfico, coincidindo na região de sua presença material. Por essas paragens chocam os ventres em certas danças e não o *desenvolvimento nadegueiro*, como diz o sr. Luís Figueira, com 25 anos de Angola.

Ninguém pode "provar" que a umbigada não fosse gesto típico num ritual propiciatório de fecundidade. Gesto tanto mais expressivo na sua legitimidade imitativa do ato fecundador.

Para os grupos humanos, ou sejam as culturas *nonliterates*, na acepção de Clyde Kluckhohn, a ausência documental afasta qualquer possibilidade sistemática de sequência ininterrupta. Não sabemos os elementos de continuidade e a percentagem dos "colaborantes", determinando complexos etnográficos, formados pela convergência e não pela fórmula do desenvolvimento natural, na mecânica dos acréscimos previsíveis. V. Gordon Childe advertia que a técnica arqueológica podia apresentar isoladamente fases culturais como independentes, *what was really a continuous process*. A umbigada seria atraída para um ciclo de danças quando já perdera sua integração ritual, desaparecido o culto agrário que a ambientava e promovia.

De notar o seu uso unicamente na lúdica dos povos agricultores. Também ser aplicada preferencialmente em pessoa de sexo diverso do bailarino. E constituir um passo final na alucinada dinâmica de meneios eróticos e provocadores. E ainda hoje manter o círculo, a dança-de-roda, já ritual no paleolítico. Na *Batucada* de São Paulo, como no *Fogope* da *Rebita* em Luanda, a velha *Massemba*, não há círculo e sim alas, dançando-se fila diante de fila, como nas quadrilhas. A transmissão africana manteve-a pura e nítida no Brasil. Os depoimentos de Freyreiss, Pohl, von Martius, entre 1815-1819, demonstram sua conservação indeformada nos trópicos brasileiros. Índice de poderoso conteúdo impulsionador e preservador da própria fidelidade coreográfica.

Em junho de 1964 assisti em Natal o bailado legítimo.

Nasci e vivo justamente na região onde *Coco, Zambê, Bambelô* são formas permanentes do divertimento popular. Motivos recreativos desde tempo imprevisível. No *Fogope*, na *Cassonda*, na *Xingombela*, as umbigadas se repetem. No velho *Batuque* de Luanda e dos quilengues do sul de Angola, cada uma delas terminava a participação do dançarino. Era um ato que fechava a fantasia rítmica anterior, como o amplexo amoroso encerra o processo preliminar da conquista sedutora.

    Pelo exposto e alegado, *le problème n'est pas tranché...*

A Pata do Coelho

O coelho é um dos heróis nos contos populares africanos nas margens do Índico como do Atlântico. Tanto vence no Senegal como em Madagascar, Serra Leoa e Moçambique, Gana e Tanganica, poente e meio-dia, levante e setentrião, na ilha de São Tomé e na ilha de Zanzibar. Não é possível uma coleção de estórias negras sem uma astuciosa aventura do coelho. Frobenius ouviu as façanhas do *somba* na foz do Niger, contadas pelos Mossis do Ouagadougou, como Chatelain entendeu as proezas do *kabulu*, referidas em Luanda o *dimba do Bié*. Está na China e na Índia, vivo na memória coletiva. Os negros levaram-no para as Antilhas e para o *Old South* dos Estados Unidos, para os algodoais, onde Chandler Harris recolheu as estórias incomparáveis do *Uncle Rabbit*. Sílvio Romero guardou algumas no nordeste do Brasil, astúcias do *camarada* Coelho burlador de todos os animais. Ouvi-as recordar em Moçambique e Angola, no alto Zambeze e nas fronteiras de Katanga. Onde não estará ele, manhoso e hábil como o Uhlakaniana dos zulus? O coelho participa de uma tradição sagrada da Índia. Sacrificou-se espontaneamente para matar a fome de um brâmane que era o deus Indra. Emocionado, Indra pôs a imagem do coelho na lua. *Indra placed the image of the hare in the moon*, informa a sra. Doroteia Chaplin. Há um Bodisata venerado sob a forma leporina e mesmo identificado com o modelo. Os Tugs, devotos de Kali, adiam qualquer expedição avistando um coelho atravessar o caminho. Os árabes só o matam por necessidade e jamais por divertimento. Ligam-nos às superstições do ciclo lunar, temendo ofender o disco luminoso onde mora o Rei dos Coelhos.

A partir de 1942 derramou-se pelo Brasil a pata do coelho como amuleto. Há, nesse particular, motivo para uma estória que vou contar.

Em março de 1927 eu era repórter da UNITED PRESS em Natal e aproveitava os grandes *raids* aviatórios como matéria de excepcional importância sensacionalista. Constituía, no momento, assunto de interesse universal noticioso. Na tarde de 20 de março, desceu no rio Potengi uma esquadrilha do Serviço de Aviação do Exército Americano, comandada pelo major Herbert A. Dargue. Três anfíbios, biplanos, com motores Liberty. Tinham vindo pelo Pacífico e voltavam pelo Atlântico. Partiram cinco aparelhos e regressaram três, porque o "Detroit" e o "New York" chocaram-se em voo em Buenos Aires, sucumbindo as equipagens. Um dos pilotos, o capitão Ira C. Eaker, alto, forte, risonho, deu-me as informações que naquele tempo eram preciosas. Dezessete anos depois o jovem capitão era General e comandava a Força Aérea norte-americana na Inglaterra. Em maio de 1944, no dia em que os exércitos aliados desembarcariam nas praias normandas, os aviões arrancaram da Inglaterra para a cobertura. No minuto em que o último bombardeiro ia decolar, o general Ira C. Eaker ofereceu ao piloto, como penhor de sucesso indiscutível, uma pata de coelho. *Good luck!* E deu certo. Ficava demonstrado não apenas a popularidade do amuleto como a sua consagração histórica. O RABBIT'S FOOT ascendia à classe vizinha do talismã.

De 1942 a 1945 servi na Diretoria Regional do Serviço de Defesa Civil Antiaérea na cidade do Natal e tive contato assíduo com os milhares de norte-americanos sediados em Parnamirim. Ali estavam, em filas, centenas de aviões de todos os tamanhos, recursos e formas. E aviadores de todos os recantos dos Estados Unidos, com inteligência, cultura, temperamento, educação, os mais diversos. Creio que muito dificilmente haveria outro campo de observação experimental da psicologia *yankee* na legitimidade da exposição humana. A pata de coelho era uma constante infalível no famoso *Parnamirim Field, trampolim da Vitória*, hospedando Franklin Delano Roosevelt, generais, almirantes e aviadores mais famosos na época. Rara era a farda cáqui que não contivesse no bolso o *rabbit's foot* inevitável. Por esse intermédio e clima a pata de coelho espalhou-se pelo Brasil, entre os amigos dos norte-americanos, funcionários brasileiros da Base Aérea, visitantes, curiosos ou simples imitadores, fanáticos pelo plágio sedutor. As lojas começaram a expor patas de coelho como objetos *da moda* e muita gente comprou para exibir a novidade supersticiosa.

A pata de coelho convergiu para outros amuletos prestigiosos. Nunca a encontrei sozinha, isolada, valendo força indivídua. Desta maneira apenas o norte-americano usa, enfeitando o molho de chaves. O brasileiro, por via das dúvidas e para não desmoralizar crendices bem mais velhas, reuniu-a, em penca, aos amuletos tradicionais.

No mercado de São José, no Recife, comprei uma pata de coelho pendurada na mesma corrente a uma figa. No Mercado Público da Cidade do Salvador adquiri a pata de coelho com uma figa amarela e uma medalha do Senhor do Bonfim, tendo a inscrição: *Lembrança da minha romaria do Bonfim*. São populares os chaveiros com patas de coelho. Não sei quando começou a fabricação nacional. As primeiras remessas foram todas *made in U.S.A.*

Qual seria a origem lógica? O norte-americano recebeu dos negros africanos, sudaneses e bantos porque ambos possuem alta admiração pelo coelho. Dos Estados Unidos escorregou para a Grã-Bretanha e com alguma presença no continente europeu. Os pretos enviados para a escravidão *yankee*, ditos *servants of life*, eram, em decisiva percentagem, comprados nas Antilhas e não vindos diretamente da África. Depois é que a exportação intensificou-se desde as reservas inesgotáveis d'África Ocidental. As mesmas fontes da provisão brasileira.

Trouxeram eles à terra e aos *white Southerners o rabbit's foot* e a tradição hilariante do coelho. O prestígio do *kabulo* para o banto e do *somba* para o sudanês é inapagável como expressão de habilidade, inteligência, rapidez nas soluções sempre felizes. Como é fecundo em sua descendência, perfaz o símbolo da abundância, fartura, multiplicação. É, positivamente, *the lucky animal*. Compete com o "Tio Tartaruga", *Uncle Terrapin*, cuja réplica brasileira é o jabuti, com sua deliciosa série de aventuras recolhida por Charles Frederik Hartt, o *Amazonian Tortoise Myths* (1875), que tive a alegria de traduzir e anotar, *Os mitos amazônicos da Tartaruga*, Recife, 1952. O coelho é um centro-de-interesse, personagem imortal do mais popular livro de estórias nos Estados Unidos, *Uncle Remus*, de Joel Chandler Harris (1848-1908), com reedições incontáveis, *Legends of the Old Plantation*, evocadoras das andanças e diabruras do invencível personagem.

E por que escolhem o pé, constituindo o amuleto? Porque o pé representa a estabilidade, a posse, a segurança, a firmeza, o equilíbrio. Também está ligado à imagem da locomoção, agilidade, movimento, defesa na fuga ou nas reações imediatas. A força da sugestão mágica converge para o pé do coelho, síntese de sua técnica fulminante. *Its foot is especially valuable as a charm*, diz Philip F. Waterman. Possuir o pé do coelho é ter um elemento característico de toda sua potência no plano do encanto comunicador, misterioso e eficaz. Em várias orações antigas suplicava-se a imposição do pé de um Santo como uma intervenção benéfica. O Prof. Hermann Urtel registou um Portugal (*Beiträge zur portugiesischen Volkskunde*, Hamburg, 1928) um exemplo autêntico do singular processo vocativo:

> Senhora da Conceição,
> Ponde aqui a vossa mão;

> Senhor São José
> Ponde aqui o vosso pé!

Na Espanha e Portugal a pata do topo, mão esquerda da toupeira, usava-se trazer encastoada em prata contra o mau-olhado.

A inalterável simpatia dos pretos sudaneses e bantos para o coelho decorre das aventuras chistosas ou dramáticas em que se mete o animal, saindo sempre airosamente. Essa grande série de contos constituiria o *test* para a invencibilidade e sua colocação entre as *mascottes* que sugerem e atraem o êxito. Assim, *bon pied, bon oeil*, fundamentam a explicação de sua invulnerabilidade manhosa.

É uma presença legitimamente africana, ajudando a batalha contra a infelicidade, informe e poderosa.

> Snip, snap, snout,
> This tale's told out!

A Cor Branca

Por toda a África Negra a cor preferida é a branca. Poder-se-á mesmo dizê-la *instintiva*. Nos pretos maometanos as longas túnicas são brancas e nos sobas esses hábitos emprestam aos gestos lentos uma majestade incomparável. A radiante policromia da indumentária negra uniformiza-se sensivelmente quando se trata de reunião religiosa. Aí o branco está em percentagem absoluta. É verdade que esses negros e negras têm a vocação do ornamento individual, o equilíbrio decorativo para o corpo, o enfeite profuso, incontável, imprevisto mas surpreendentemente harmonioso, justo, sedutor. O *maukembu mauabesa o atu*, os enfeites embelezam a gente, dizem os quimbundos de Angola.

Quando os vejo, naturais e sugestivos, os muçulmanos simples, sóbrios, na dignidade natural, os demais, por toda a orla do Atlântico e pelo alto Índico cobertos de ornatos que substituem o traje, concordo com o conde de Gobineau que, no Rio de Janeiro de 1869, escrevia: *Vous savez que les nègres sont nés tout habillés*.

Recordo do meu tempo de investigação popular a constatação da cor branca ter uma supremacia na ordem das cores. Nos candomblés da Bahia, Oxalá, Orixalá, Obata-lá, o Pai dos Orixás, Deus Supremo, vestia branco totalmente de branco como nenhum outro entre os deuses nagôs, jejes ou angolanos.

Era a cor da pureza, da castidade, das intenções sinceras. Vestia o candidato em Roma e Nossa Senhora no Céu, diferenciada pelo manto azul.

No comum o branco predomina na roupa do africano, na pintura das casas de taipa, na indumentária cerimoniosa. Nos três enterros que vi, dois em Luanda e um em Gambiafada, arredores de Bissau, na Guiné, os defuntos vestiam branco. Na exposição do morto cobrem-no apenas com um único pano branco entre os Cassangas e Mandingas. Brancos os turbantes.

Notável a predominância nas residências africanas, inevitavelmente na primeira sala, local de recebimento protocolar. Paredes irrepreensivelmente caiadas de branco. Purificação. Em quimbundo o verbo *zela*, branquejar, vale clarear, limpar. Na Guiné e na ilha de Moçambique vira diariamente o *monhé*, hindu, e os muçulmanos, com vestimentas brancas, cuidadosamente tratadas, distinguindo-se dos grupos que ostentavam outras cores, azul, verde, amarelo, marrom.

Branca era a mortalha que envolvia os mortos europeus antes que a distinção nas funções sociais impusesse as roupas rituais, fardas, togas, becas, batinas, privativas de ofícios e hierarquias ou destinações superiores, como os hábitos das Ordens religiosas, na ida para o Cemitério. Pelo mundo latino a derradeira *toilette* fúnebre era a mortalha branca. Branco o luto. Roupa dos anjos e dos santos. Das noivas e donzelas. As almas eram vultos brancos. A Morte é branca. *Pallida Mors*.

Não creio que essa radicular influência da cor fosse determinada pela presença do leucodermo. A impressão da cor branca ser sobrenatural, pertencente aos mortos, sobretudo aos espectros, fantasmas, visagens, é anterior à conquista europeia. Creio ainda que esse preconceito seja uma permanente entre todos os povos nativos, primários, iniciais.

Em Angola, no idioma quimbundo, *Dele* é a alma do outro mundo. O indivíduo de raça branca diz-se *Mundele*, semelhante, parecido com o *Dele*. O Pe. Tastevin informa: *Um peu partout, em Afrique, le blanc a été considere comme um noir revenu du pays des morts, où il a été blanchi. Cette croyance se retrouve encore dans certaines régions reculées ou fermées de l'A.E.F. et même du Sénégal (La Tribu des Va-Nyaneka,* Corbeil, 1937). Na Austrália, *wunda* significa o homem branco e o espírito do morto australiano. Os fantasmas são sempre brancos. Decorrentemente, os antepassados.

O defunto, que a cessação circulatória desmaiava, aproximando da descoloração, e dando a exagerada palidez, esta sugeriu aos romanos a criação de um Deus, PALLOR, filho do Inferno e da Noite. O Inferno era a região sem cor, *Regio pallida*. Os ingleses dizem *off colour*, fora da cor, para quem não esteja no estado normal. A simples observação do cadáver, que está sempre mais claro que a criatura viva, recordará a impressão agônica da vertigem, desmaio, síncope, em que todas as coisas circunjacentes embranquecem e giram. Esses elementos não precisariam da vinda do europeu para sua existência e constatação no homem africano.

Quando as cores predominantes para o ameraba são o vermelho e o negro-azulado, indispensáveis nas pinturas pessoais e obtidas com o urucu, *Bixa orellana*, e o jenipapo, *Genipa americana*, o africano, sudanês e banto, elege os calcáreos brancos e rubros, como a *pemba* e o *ucusso* em Angola. Pela África inteira, para que um rapaz passe a homem, no rito da iniciação, normalmente a circuncisão com as exigências de retiro, dieta, ministração das regras tribais, direitos e deveres humanos, no *fanado* pela Guiné ou no *Mucanda* por Angola, suna, iluco, em Moçambique, a cor branca ou colares, braçaletes e fios de contas ou búzios brancos, são peças características para apresentação do iniciado, rapaz ou rapariga. Os meninos e rapazes submetidos ao *fanado* ou *mucanda* já não são simbolicamente as criaturas anteriores, ficticiamente falecidas, e sim um espírito, um ser desencarnado, na fase da aprendizagem para volver ao conjunto tribal na plenitude do conhecimento secreto. Não poderia figurar um morto ou uma alma senão cobrindo-se de branco.

Pelos Congos, Costa do Marfim, as noivas têm a face pintada de branco. Nos bailados guerreiros para afastar os espíritos ameaçadores, os participantes estão inteiramente untados de barro branco. São representações de espíritos combatendo os adversários congêneres.

Desde a pré-história sabemos da importância da cor vermelha na formação das culturas primárias e suas sobrevivências contemporâneas. Vermelho é o Sol e a representação do sangue, movimento e potência orgânica. Ossos pintados de vermelho nas tumbas pré-históricas. Mas o mistério da Morte, seu mundo e população de sombras, devem aparecer, invariavelmente, pela cor branca.

O culto Padre Carlos Estermann (Angola) informa que a *terra branca é a preferida pelos espíritos*.

Ongira muiéra, "o caminho te seja branco", é a despedida do cafre.

Nas danças festivas, nas pinturas elegantes de atração erótica, dispostas outrora logo após as complicadas tatuagens clânicas, os negros, e notadamente as negras donairosas, amam as tintas vermelhas, amarelas, azuis, pretas, reluzentes, com as variações inumeráveis e combinações sensacionais. O branco intervirá quando houver uma intenção superior às funções visivelmente ornamentais e às expressões unicamente defensivas que os desenhos manifestam. Sempre que se ultrapassem as fronteiras do lúdico, recorre-se ao branco como um apelo ao antepassado, ao morto-protetor, às suas forças custodiantes.

Estou convencido da inexistência recôndita de qualquer ideia sublimadora para o preto desejar ser branco quando tornado espírito. Branco mesmo depois de morto. Creio todo esse complexo decorrer da sensação pessoal da vertigem e depois do aspecto do cadáver descorado e macilento. A influência dos trajes brancos, envolventes e longos, dos muçulmanos, será elemento convergente mas posterior. Identicamente é verificado pela Polinésia e Austrália, com ecologia e modelagem social diferenciadas.

O *ambundu ki atu â*. Os pretos não são gente?...

Piranji Exporta Jimbo

> "Eu que sem jimbo,
> Ando pulando,
> Vou me safando!"
>
> O CAMPEÃO, Recife, 1863.

*P*iranji é uma linda povoação ao sul da cidade do Natal, praia do Atlântico, com bonitos casebres de pescadores e residências "funcionais" que vão do quase ótimo ao ultrapéssimo.

Há Piranji do Sul e do Norte que o rio Pium divide. Logo depois do Piranji do Sul está a Praia dos Búzios, onde debalde procurei avistar o derradeiro espécime. Não creia em Gabriel Soares de Sousa calculando dez léguas a distância entre o Rio Grande (Potenji) e o Porto dos Búzios. Creia em Frei Vicente do Salvador narrando que em dezembro de 1597 Manoel Mascarenhas Homem, vindo fundar a futura capital do Rio Grande do Norte, aí deparara "sete naus francesas contratando com os Potiguaras, os quais, como viram a armada, picaram as amarras, e se foram, e a nossa não a seguiu, por ser tarde, e não perder a viagem". Ali ao derredor havia mata de ibirapitanga e as naus estavam carregando o pau-brasil também desaparecido na região.

Fui várias vezes à ilha de Luanda, estendida em sete quilômetros diante da cidade de Luanda. Mas a lembrança de Piranji ocorreu durante um domingo inteiro que fiquei na ilha, ex-ilha porque agora está ligada ao continente por uma larga ponte facilitadora. Um domingo andando devagar, vendo, evocando, parando para viajar sem mudar de posição. Há três núcleos de moradias, *sanzalas*, vale dizer "povoações", e não *senzalas*, como dizemos no Brasil. Estava perseguindo Quianda, a sereia dos axiluandas, nativos da ilha, seus devotos. Comprei um pacotinho de búzios, *Cypraea moneta*, *L'mbongo*, de Angola, o *njimbu* do Congo, moeda corrente e valendo, no vocabulário popular brasileiro, *gimbongo* e mais vulgarmente *jimbo*, sinônimos de dinheiro. Esta ilha era o banco emissor do

Manicongo, rei do Congo, de quem o Ngola, de Angola, foi vassalo até 1575. O jimbo dizia-se *zimbo*.

Artur Hehl Neiva reuniu documentário além do suficiente no assunto, *Proveniência das primeiras levas de escravos africanos* (*Anais do IV Congresso de História Nacional*, IV tomo, Rio de Janeiro, 1950). Lá está a história desses búzios que os chineses empregaram há quarenta séculos, passando à Índia e África Oriental, para o Atlântico e sertão sudanês. Por todo o golfo da Guiné o cauri era indispensável. Com ele tudo se comprava. Pagava todas as compras ao contado, ao inverso do Brasil onde, afirmava frei Vicente do Salvador, *tudo se compra fiado*. Havia tabelas, equivalências, inflações, sabedorias na manobra circulatória. Ainda hoje o búzio é o elemento inevitável na ornamentação pessoal dos pretos, pretas e pretinhos, de Tanganica ao Senegal. Já não vale bois, escravos, mulheres, mas não é possível uma criatura enfeitá-la para dança e guerra sem algumas centenas de búzios, artisticamente espalhados pelo corpo, dos jarretes à ornamental cabeleira. O zimbo corria como um valor indiscutido. Vendem por toda parte e todos os nativos consideram o cauri o relevo brilhante da breve e maravilhosa indumentária. Permite as mais surpreendentes combinações, que a melanina ressalta em plena glória.

O Brasil, logo na segunda metade do século XVI, entrou como produtor do jimbo, mandando-o para a África, reforçando o encaixe local de Luanda e Benguela, os bancos da emissão tradicional e fácil. Os jimbos brasileiros eram a *Cypraea exanthema* e variedades, menores e maiores, foscas e reluzentas, perfeitamente aceitáveis no uso e abuso africano.

O português Baltazar Rebelo de Aragão, em 1618, justificava a comodidade da construção da fortaleza de Pinda "porque o dinheiro d'aquele reino são uns búzios de que Sua Majestade tem grandes minas nas praias do Brasil e vale lá muito barato, porque os do Brasil trazem muita quantidade que vendem para o reino do Congo e Pinda, e assim custará muito pouco o gasto da dita fortaleza depois d'ela feita". (Pinda, Zaire, norte de Angola.)

Falando do rio das Caravelas, na Bahia, frei Vicente do Salvador, antes de 1627, informava a existência de "muito zimbo, dinheiro de Angola, que são uns buziozinhos mui miúdos de que levam pipas cheias e trazem por elas navios de escravos".

Perambulando na ilha de Luanda é que o Porto dos Búzios, nos arredores do Natal, apareceu-me como imagem associada aos movimentos econômicos daquela moeda que o mar emitia. O topônimo não se referia à sua abundância mas à utilização prestante. Os caravelões da costa iam buscar os búzios para a valorizada exportação. Piranji, elegante praia de banho, fora entreposto precioso na segunda metade do século XVI.

Em verdade vos digo que Piranji exportou o jimbo para a África.

O *porto dos búzios q pella llymgoa dos jmdios se chama pyRangype* pertencera a Pero de Góis que o vendera por 500 cruzados a João de Barros, feitor da Casa da Índia, donatário da Capitania dos Potiguaras, o Rio Grande do Norte. O *pyRangype* ficava fora dos limites da Capitania de Itamaracá, de Pero Lopes de Sousa. Morto este, o capitão João Gonçalves, procurador da viúva D. Isabel de Gamboa, estava autorizando a ida de mercadores ao Piranji para recolher os búzios, pagando-lhe os direitos como se fora o proprietário. O procurador de João de Barros, Antônio Pinheiro, promoveu a defesa com um auto testemunhal na Vila dos Cosmes, Igaraçu, a 3 de março de 1564, e no dia seguinte, perante o Juiz Ordinário João Fernandes, o *tabalião* João Pinto e o inquiridor Manoel Pereira, depuseram quatro testemunhas: Bartolameu Royz, o piloto Gonçalo Royz, o "língua" Manoel Fernandes e Fernão d'Holanda, alcaide--mor de Igaraçu. Todos afirmaram a posse mansa, contínua e pacífica de João de Barros em Piranju e a colheita tradicional de búzios, por contratos parciais ou arrendamento, satisfazendo-se em dinheiro, *peças* (escravos) ou búzios. Bartolameu Rodrigues: "... quando algumas pessoas queriam ir ao dito porto buscar búzios, pediam licença aos procuradores de João de Barros... se concertavam com eles em búzios e peças" (escravos). Manoel Fernandes, "língua, morador na vila de Olinda": "... o dito Pero de Góis vendera o porto dos búzios que era seu com dez léguas de costa ao dito João de Barros, feitor da Casa da Índia, dizendo que lhas dera por quinhentos cruzados... arrendou o dito porto dos búzios a Martim Ferreira por três anos por quinhentos cruzados... também seus procuradores que nesta terra tinham davam a dita licença e arrecadavam das pessoas que lá iam nos navios aquilo em que se concertavam em dinheiro ou peças ou búzios." Gonçalo Rodrigues, piloto: "... ele testemunha fora já lá há muito tempo num navio a resgatar e pagaram por isso búzios que traziam por lá ir aos seus procuradores." Fernão d'Holanda, alcaide-mor de Igaraçu: "... dava licença para ele (porto) por búzios", referindo-se ao tempo em que fora procurador de João de Barros (*Documentos inéditos sobre João de Barros*, Antônio Baião, Coimbra, 1917).

No depoimento de Bartolomeu Rodrigues alude-se à colheita de búzios "*aveRahobra de vjnte anos pouco mais ou menos*" e no de Fernão d'Holanda "*dezasete anos que hesta nesta tera*", sabendo do apanhamento dos búzios em Piranji, fixando a atividade coletora à volta de 1544 e 1547.

A colonização é de janeiro-junho de 1598, construção do forte dos Reis Magos, dezembro de 1599, fundação da Cidade do Natal. Piranji exportava o jimbo antes que Paulo Dias de Novais fundasse Luanda. Antes da dinastia dos Água Rosada do Congo. Quando este dominava Angola na soberania do Manicongo.

No Rio Grande do Norte a primeira indústria extrativa, como ocorreu no Brasil inteiro, foi o pau-brasil, ibirapitanga, a *Caesalpinia echinata*, responsável pela fixação europeia no imenso território ameríndio. A segunda atividade seria a colheita do jimbo nas praias atlânticas de Piranji. E o mercado seria a África, no plano da utilização individual. Independia da residência humana e de qualquer esforço, além de curvar-se para a areia e apanhar o búzio. Dos pontos povoados mais próximos, onde havia administração portuguesa, Itamaracá e Igaraçu, vinham os caravelões ou fustas de remos carregar as pipas de jimbo, abarrotando os porões, destinando-as ao trato e resgate na Guiné.

O *zimbo* ficou sendo *jimbo* no Brasil e era dinheiro, simbolicamente mencionado. Gregório de Matos, em finais do século XVII, podia desabafar:

> A sentença revogado,
> Por saber que foi comprada
> Pelo *gimbo* ou pelo abraço.

Pereira da Costa (*Vocabulário Pernambucano*, Recife, 1937) regista boa cópia de exemplos do *jimbo* e do *gimbongo* na linguagem vulgar, provindos do *njimbu* do Congo e do *mbongo* de Angola.

Hoje parece haver desuso desses dois africanismos que vieram às primeiras décadas do presente século.

Os búzios eram recebidos naturalmente pelo procurador de João de Barros como espécie comerciável. Artur Hehl Neiva divulga uma carta-de--perdão de D. João II, em 7 de agosto de 1482, bem expressiva para demonstrar o conhecimento da *Cypraea moneta* mesmo na capital do Reino de Portugal nos derradeiros lustros do século XV. O rei D. Afonso V, em 24 de julho de 1480, concedera o monopólio das *comchas* nos "tractos e resgates de ginee" ao amado filho, o futuro D. João II. Ao contraventor, pena de *perderem as ditas comchas. E todos seus beēs... E aalem disto serem açoutados subricamente. E degradados pera alcacer dafrica por ssete anos ssem Remissom*. Os fidalgos não seriam açoitados mas perderiam os bens e cumpririam degredo.

Sucedeu que Gonçalo Pires, barbeiro-mor na cidade de Lisboa, foi a Mina como marinheiro da nau em que João Bernaldez fora capitão. E comprara ẽ *a dicta cidade por preço de mill rreaes certas cõchas, e q̃ oouvera por elas na dicta mina dez pessos douro*. O barbeiro-mor defendia-se alegando ignorância da Ordem Real proibitiva. Suplicava perdão do castigo. O Rei atendeu, mandando, porém, que Gonçalo Pires *ẽtrege logo os ditos dez pessos douro*. Ganhara passeio à Mina da Guiné e nenhum proveito. As *comchas*, búzios, cauris, estavam em Lisboa em 1482, como valores positivos.

Pela África contemporânea os cauris aparecem profusos e sempre oportunos. Decoram armas, corpos vivos e defuntos, ídolos, promessas, parafernália sagrada, ofertas e feitiços. Nem mesmo a miçanga policolor e atraente substitui a suave e macia coloração dos búzios sedutores. As áreas de consumo compreendem toda a África negra e para o elogio basta o leve exame de sua aplicação. Mas tem escapado o aspecto mágico dos cauris, ornando os mortos desde o paleolítico. A *cypraea* sugere a vulva feminina e simboliza a fecundidade. *Cypraea* vem de Chipre, santuário de Vênus. Vive a mesma crendice pela península balcânica, pela Inglaterra, Alemanha, Portugal, Espanha. Usam-na pendente de corrente e às vezes com guizos. Assim há modelos no Museu del Pueblo Español em Madrid. Colares, pulseiras, diademas enfeitados de conchas minúsculas. Brincos para orelhas. Engastadas como pedras em anéis. Alfinetes e laços de ouro para o peito, com os cauris infalíveis. É ainda uma moeda com que se compra a possível tranquilidade venturosa, nos elegantes bustos das mulheres brancas da Europa magistral.

Bem grato para a minha saudade brasileira sentir Luanda e Piranji unidos e palpitantes no pequenino bojo de um cauri africano...

Do Andar Rebolado

Os povos do Índico não rebolam as nádegas no andar e as danças não apresentam o agitado de quadris frementes. Têm naturalmente um ritmo de ondulação sensível e mansa que, nas mulheres hindus de longos trajes, dá um discreto e indisfarçável acento de provocação lúbrica.

Nos grandes bailados africanos que assisti as mulheres dançavam com os pés e acenar de mãos e não com as ancas. Os homens, sim. De Quênia aos negros da União Sul-Africana o bailarino tem uma assombrosa mobilidade glútea. Entre os Chopes essa especialidade constitui mesmo característico coreográfico consagrado. *Chigaza* é o rebolado vivo, intenso, infatigável. *Macara* é o tremer, o corpo inteiro vibrando. *Cutsatsula* é o alucinado meneio de uma e outra nádega, alternadamente, ao som das timbilas, as clássicas marimbas das "Gentes Afortunadas". A *chigaza* seria vista por Saint-Hilaire em 1816 nos escravos da província do Rio de Janeiro, *remexendo os pés, e dando a todos os membros uma espécie de agitação convulsiva.* O *macara* é o bole-bole da Bahia. Essas técnicas existem por toda a África Oriental mais ou menos acentuadamente. Os soberbos Massai de Quênia têm um bailado circular em que, acelerando o ritmo da euforia lúdica, dobram e redobram o corpo como numa sucessão interminável de bisagras. É o que denominam no FREVO do Recife *o passo da dobradiça*. O "peneiramento" dos Massai pareceria suspeito se não fossem eles os guerreiros que matam leões à lança.

Mesmo visitando os portos árabes do Mediterrâneo, inteiramente aculturados em sua multidão ávida e hábil, vemos que as mulheres têm o andar direito, os passos firmes, sustentando o harmonioso corpo numa verticalidade de tamareiras. Assim as tunisinas, marroquinas, argelinas. O máximo da atração sexual de propaganda turística até o Egito é a *dança do ventre*, inferior a uma demonstração primária da *chigaza* na Zambézia.

Em Lourenço Marques e na ilha de Moçambique avistei-me com muitas hindus e mesmo presenciei bailados, vagarosos, intencionalmente tentadores, maravilhas de braços e mãos eloquentes, acidulando o estímulo pelo olhar obstinado e perturbador. Essa dança de movimentos langues, incitando, sugerindo desejos pelo *rhythm body*, é uma "constante" pela orla oriental, nas hindus, mulheres do Paquistão, atitudes hierárquicas da Ásia, e mesmo nas negras africanas, do povo, não profissionais, como vi em Chidenguele, Zavala, Mussuril. Elas semi-imóveis e eles girando as garupas. Em Zavala, Inhambane, como elemento decorativo e exaltador, diante dos cinquenta bailarinos incomparáveis, de escudo e lança, passavam e repassavam três donzelas, despidas da cintura para cima, sacudindo ininterruptamente, não as nádegas mas os seios. Pelos mercados nativos, povoações, festas, grupos à margem das rodovias, podia observar a normalidade do andar africano por essa região do encantado Levante. Os agentes excitadores devem ser, e são, outros.

Passando para o Atlântico o ambiente mudou de pressão dinâmica e velocidade no metrônomo. O bamboleado é uma cadência natural, espontânea, explícita, decorrência congênita, íntima, temperamental. Em Luanda, a Liga Nacional Africana ofereceu-me uma exibição maravilhosa do seu Conjunto Folclórico Músico-Teatral NGONGO. As danças tradicionais foram de uma movimentação, dinamismo, mobilidade excitadora além do presumível, do lógico e do real. Era, para mim, velho pesquisador da cultura popular, uma demonstração indiscutível, integral e completa de que o rebolado dos glúteos nas danças e no andar despreocupado nas ruas, permanente da lúdica angolana, fora a originária fonte poderosa do que possuímos no Brasil. Modelo e formas fornecedoras do elemento mobilizante, inesgotável de potência envolvedora, perturbando o metabolismo basal dos observadores. Esse balançado, meneio de popas infatigáveis, em rotação incessante de saracoteio tranquilo e sexual, é Angola, Angola, Angola!

Na proporção que se sobe para o norte o sassaricado vai decrescendo lentamente. Vi as mulheres da Nigéria em Kano, as de vários grupos étnicos na Guiné e em Dakar, ruas, mercados, danças. Não têm preguiça nas cadeiras opulentas quando bailam mas o andar apresenta uma visível economia muscular, comparando-a com as negras bantos de Angola e Congo. As Fulas e Minas reviram naturalmente os posadouros redondos e salientes, perdição dos amos e patrões luso-brasileiros de outrora e sempre. As negras do Daomé, Nigéria e Gana não são esculpidas em ébano e dente de elefante mas feitas em carne palpitante e viva, ansiosa e fecunda. Mas, entre o Zaire e a foz do Cunene, fixo coordenada irradiante e legítima desse potencial de técnicas biológicas, instintivamente asseguradoras da perpetuidade vital.

Muita gente velha recorda o "modo de andar da mulher moça" na Europa de meio século passado. Era bem diverso do atual. A *allure* da francesa, leve, rápida, tocando a terra o suficiente para não ser inteiramente voo, desapareceu. A irresistível sugestão norte-americana, negada e verídica, transformou-a no passo que hoje vemos, força no bico do sapato, roçar de tacão, giro ondulante na graciosa anca. Aquele andar, sacudido, enérgico, dominador, *the gait*, da inglesa, o passo definitivo, sonoro, largo da alemã, já não existem. Padronização das nádegas girantes, imposta, categoricamente, às mulheres que amam a visão alheia devocional.

Carl Gustav Jung, observando o *to go on foot da girl* dos Estados Unidos, decidiu que *esse andar particular, de articulações relativamente frouxas, quadris ondulantes, que se observa frequentemente nas americanas, vem dos negros*.

À volta de 1920, Antônio Torres insurgia-se no Rio de Janeiro contra a *gelatinosa trepidação nas garupas* cariocas. Presentemente, *mulher que não se remexa, por si se deixa*.

A *célula nobre* para o fornecimento dessa energia contaminante seria, no Brasil, a mulata, que sempre foi "glória nacional". Mas, saibam quantos, o contágio não era tão enérgico, intensivo e geral até a primeira década do século XX. Vivi no Rio de Janeiro, de 1919 a 1922, testemunha de sua incrível metamorfose urbanística, notadamente depois da Conflagração Europeia, 1914-1918, das festas do centenário da Independência quando a Capital Federal ampliou o seu ecúmeno, vencendo montanha e mar. O requebrado posterior era parcimoniosamente registado ante as proibições irredutíveis e formais. "Deixe de remexido... não seja rabo de lagartixa... Sassaricada!" O domínio do "balançado" tornou-se vitorioso em redor de 1930. Já estava no teatro, nos bailes pagos, nos cabarés que esperaram três lustros para a transfiguração em *Night Club*.

Se pensarmos na sisuda educação doméstica em Portugal não iremos responsabilizar a portuguesa pelo manejo dos quadris brasileiros. No princípio do presente século, Lisboa sob El-Rei D. Carlos, o código do ritmo era tão exigente quanto o de duzentos anos vividos sob Dona Maria I. Rever o tipo da menina casadoira trazido dos romances lusitanos de então. Mantinha aragens e odores de 1830 quando os romances franceses, afirmava Camilo, "encontraram as almas portuguesas hermeticamente calafetadas". Havia, sempre houve, infração premeditada ao sexto mandamento da Lei de Deus, mas a cumplicidade promovedora do delito não compreendia o insistente bamboleado despertador do instinto. Não devemos, evidentemente, à mulher portuguesa, a supervalia imprevista desses excessos musculares em vertiginosa rotação atraente.

Teria influído o andar da indígena brasileira no ritmo do passo da mulher contemporânea? Nada lhe devemos em matéria de aperfeiçoamento conquistador. Com o andar seguro, assentando a planta do pé com segurança, dominando o caminho e defendendo a carga que, privativamente, carregava, a indígena nunca rebolava as massas glúteas na marcha, antes decisiva no passo elástico e contínuo que lhe é habitual. Há bailados em que os músculos estremecem como tocados por uma descarga elétrica. São, porém, privativos de homens. Os bororos têm renome nesse particular.

Ainda não apareceu registo de sábio-viajante elogiando andar de indígena. *As mulheres Macunis caminham muito mal, têm pouca graciosidade como todas as outras índias*, confessava Saint-Hilaire em 1817, olhando-as em Minas Gerais. Gabam as demais virtudes, olhos meigos e tristes, doçura resignada, a servidão jubilosa. Andar, não.

Poderiam elas, entretanto, aprender esse *treme-treme* com os mestres naturais. A mulher indígena, como a onça, sempre teve especialíssima predileção pelo preto. Inversamente, o ameraba sentia a negra como fêmea subalterna, inferior ao seu merecimento belicoso e viril. Von Martius e Saint-Hilaire, o desenhista e viajante Rugendas, deixaram notas nesse particular. As indígenas entregavam-se aos maridos por obrigação; aos brancos por interesse; aos negros por prazer. Ao correr dos séculos XVII-XVIII, Bandeiras, mineração, plantas medicinais amazônicas, companhias de navegação, os escravos de Mato Grosso, Goiás, Minas Gerais, São Paulo, fugiam como abelhas chamuscadas. Fundavam os "quilombos" no meio das matas, serranias, desertões ermos, livres do azorrague senhorial. Os indígenas foram protetores dessas aldeias de homizio. As indígenas constituíram-se madrinhas instintivas e amásias naturais dos foragidos quilombolas. Mas não alteraram a relativa imobilidade dos assentos, quando em marcha. Mesmo no exercício íntimo da função sexual, os movimentos desusados da mulher denunciavam ao companheiro um contato anterior com o "branco". Era, para ele, uma modificação reprovável na técnica fecundadora: o mexer-se na cópula. Como iam bambolear-se, andando?

Qual o processo da influência irresistível? Certamente o bailado dos escravos africanos, que se prolongou na descendência fiel ao ritmo contagiante, seria a mais poderosa sugestão para o rebolado andar contemporâneo.

Os negros eram infatigáveis, Saint-Hilaire, vendo-os no *batuque* de 1816, notava: "dando a todos os membros uma espécie de agitação convulsiva que devia ser extremamente fatigante para homens que tinham trabalhado durante o dia todo." Em fevereiro de 1817, L. F. de Tollenare notava nos arredores do Recife: *"Este tremor e este movimento, produtos de considerável força muscular, exigem muita arte e muito exercício. Os dançadores desafiam-se para ver quem os prolonga por mais tempo, e os aplausos do público são a recompensa do que tem os músculos mais robustos e sobretudo mais móveis."* João Maurício Rugendas, que percorreu o sul do Brasil, 1821-1826, descrevendo o "batuque" informava: *"são principalmente as ancas que se agitam."* Essa variedade coreográfica individual dentro da mesma unidade rítmica, o contagiante *ciascuno a suo modo*, como dizia Pirandello, constituiu incitante e natural modelo, diário e vivo. Onde o negro não *batucou*, o andar requebrado não apareceu, com os coleios que sugeriram a Baudelaire *La serpent qui danse*:

> A te voir marcher en cadence,
> Belle d'abandon,
> On dirait un serpent qui danse
> Au bout d'un bâton.

Semelhantemente Alfredo de Sarmento assistira nos sertões do Congo, norte de Angola, até Ambriz: "... *admira-se prodigioso saracotear de quadris, que chega a parecer impossível poder-se executar sem que fiquem deslocados os que a ele se entregam.*"

Foram as sementes, exemplos, modelos, padrões do andar sacolejado e desafiante.

Sabemos que o giro voluptuoso das cadeiras é perfeitamente independente do movimento da marcha normal. São soluções autônomas da mecânica muscular. O bamboleio é uma provocação intencional, deliberada, consciente do efeito excitador. Impossível que se produza instintiva, espontânea, natural. Marcel Mauss negá-la-ia, formalmente. *En somme il n'existe peut-être pas de* FAÇON NATURELLE *chez l'adulte*, ensinara nas *Techniques du corps* (1936). As mulheres bosquímanas e hotentotes, com a anomalia esteatopígica ampliando desmarcadamente os globos glúteos, *agitam-se e tremem com o movimento, dando a impressão de duas massas de geleia presas atrás,* como escrevia John Barrow em 1797, mas sem que lembrem a ondulação lúbrica do *gait* citadino, com as bundas de balaio, como dizem no Brasil. Mesmo não estudando o andar rebolado, Mauss traduziu Elsdon Best, num trecho sobre as mulheres da Nova Zelândia (*The Maori*, 1925): *Les femmes indigènes adoptent un certain "gait": à savoir un balancement détaché et cependant articulé des hanches que nous semble disgracieux, mais qui est extrêmement admiré par les Maori. Les mères dressaient leurs filles dans cette façon de faire qui s'appelle l'*ONIOI. *J'ai entendu des mères dire à leurs filles: toi tu ne fais pas l'*ONIOI, *lorsqu'une* *petite fille négligeait de prendre ce balancement.* Esse *onioi* não era, outrora, encontrado mesmo nas danças, *sivas*, de Samoa mas é essencial e característico na *hula-hula* de Havaí e de Taiti.

É preciso distinguir uma solução coreográfica de um modo regular de marcha. Mas o passo-de-dança é um elemento permanente de influência no ritmo habitual, na cadência da andadura. Essa forma de andar existe, provadamente, na Polinésia e na África Ocidental. Desta última é que emigrou para a América, com a escravaria derramada nas ilhas e terra-firme do Novo Mundo. Trata-se, evidentemente, de maneira adquirida, aprendida, artificial, útil para despertar o desejo erótico, assegurando a propagação da espécie. Elsdon Best mostra como *esse onioi* constitui prenda atrativa para o Maori. O bamboleio africano e o *onioi* polinésio pertencem às manobras provocativas da mocidade feminina, vedadas às mulheres de completa maturidade, desaparecida a utilidade excitadora.

Pergunta-se de sua origem, admitindo-se, prudentemente, difusão e paralelismo irradiantes. O processo funcional exige traje reduzido, decorrentemente clima tropical. A presença na Polinésia e na África do oeste são independentes, ou uma procede da outra? Qual a iniciante?

Leo Frobenius, consultado, decidir-se-ia pela origem polinésia. Determinando a "Civilização Atlântica", fazia-a proceder das culturas do Pacífico Central, projetando-se para a Ásia Ocidental, o Mediterrâneo, e daí partindo para a África do poente, não atravessando o deserto mas contornando o continente até atingir o golfo da Guiné. Por esse esquema convencional o *onioi* polinésio não deixou vestígios permanentes ao longo do percurso, vindo acentuar-se nas extremas, iniciais e terminais, da impulsão temática.

Interlúdio Nominativo

*F*ui ver n'África o que não é possível no Brasil: o pôr do sol no mar. É uma das minhas silenciosas homenagens pelas terras de Angola, assistir ao crepúsculo em sangue e ouro, *pedrarias rubentes dos ocasos*, como dizia Cruz e Sousa, o nosso Poeta Negro, incomparável. Tão rápido e fulgurante desaparece no Atlântico, mudada a radiosa cenografia em treva envolvedora, como o meu velho sol se some no oeste de minha terra, detrás do horizonte do Natal, apagando a flamejante cabeleira no seio da noite tropical.

Venho devagar pela contornante Avenida Marginal. O nome oficial é Avenida de Paulo Dias de Novais, o fundador de Luanda, mas, tal-qualmente no Brasil, o governo dá um nome e o povo outro, mais usual e comum.

Nessa África ocidental a presença brasileira é atordoante. Muita cousa daqui começou no Brasil e vice-versa. A região do nordeste onde nasci e sempre vivi, esteve ligada a Angola como nenhuma outra. A escravaria dos engenhos de açúcar e lidante nas casas-grandes, a famulagem poderosa das *bás*, mucamas e moleques, viera de Angola ou tinha os pais angolanos, com as *crias* emocionais no domínio erótico, sapotis, alvarintas, sararás. Pelo nordeste dizemos *banguelo* a quem não tem os incisivos. Leonardo Mota dá uma amostra da aplicação verbal, recordando pelejas de cantadores:

"Cantava Manuel Serrador e José Paulino. O último estivera doente, andava extremamente pálido e se achava desdentado. Além disso, perdera uma das vistas. Quando José Paulino desafiou Serrador, este logo o foi fulminando:

>Acho ser coragem sua
>Me convidar p'ra "martelo",
>Que eu não respeito outro homem
>Quanto mais um amarelo,
>Que, além de amarelo, é torto
>E, além de torto, *banguelo*."

É uma referência a São Filipe de Benguela, em Angola, grande porto exportador de escravaria para o Brasil. Benguela, Luanda e Cabinda eram os entrepostos mais ativos no tráfico das "peças" africanas.

Muitos escravos vindos daí não tinham os dentes *da frente*, tornando-se estranha a feição apresentada. O costume de arrancar ou limpar os incisivos não era peculiar apenas aos grupos ao redor de Benguela e nem a região possuía população suficiente para atender, sozinha, ao reclamo do comércio servil. Ali era um dos centros de concentração, depósito dos pretos arrancados aos sertões, de origens e etnias incontáveis. A passagem por Benguela dava-lhes o sobrenome: preto Benguela, *um benguela*, como se todos pertencessem ao grupo tribal. A ausência dos dentes, retirados na festa da iniciação, luto ou punição, no cerimonial comum em áreas extensas, transmitiu mais esse nome, não mais indicador do tipo humano pela procedência, agora constituindo forma peculiar na conservação da arcada dentária. Limados em ponta de adaga, ou o triângulo, com o vértice nas gengivas. Desapareceu o negro embarcado no porto de Benguela mas o *banguelo* ficou no vocabulário brasileiro.

O sudanês Mandinga deixou outro vocábulo, sinônimo de feitiço. "Mandinga, feitiçaria; feitiços, para ficar impenetrável a ferro. Mandingueiro; o que faz ou usa de mandinga", regista Morais no seu *Dicionário*. Permaneceu no espanhol sul-americano na mesma acepção:

> Ni a descomunión mayor,
> ni a vestir el sambenito,
> tiene pena ese maldito
> durecido pecador.
> *Mandinga*, que es embaidor
> etc.

Todos no Rio de Janeiro conhecem os velhos bairros de Catumbi e do Catete. São do idioma tupi. Catumbi vem de *caát-umbí*, a folha azul, o mato verde, o anil, ou corrupção de *caá-tumbí*, ao pé do monte, à beira da mata, segundo a lição de Teodoro Sampaio. *Catete, cateto, caitetu*, é o porco-montês (*Dicotyles*), de *tãi-tetu*, o dente aguçado, pontiagudo. De 1897 a 1960 denominou o palácio residencial da Presidência da República na então Capital Federal. Em Angola, no Concelho de Quibala, há um Catumbi que o sr. J. Perez Montenegro diz ser *ingenuidade, inocência*. Catéte, e não Catête, é um pássaro angolano e uma zona, povoação e estação na ferrovia que vai para Malange, partindo de Luanda, numa distância de 63 quilômetros.

No antigo Congo Belga, região de Catanga, na fronteira de Lunda, em Angola, há um lugar Kapanga, que no Brasil vale dizer guarda-costa, valentão, "assassino assalariado", registava Aulete como brasileirismo. Será Capanga uma arma defensiva como o *jagunço*, também valendo valente alugado, capanga, registado como brasileirismo por Aulete e Beaurepaire--Rohan? Mas o jagunço não emigrou para a África, como o *Kapanga*, grafia dos mapas consultados.

Encontrei em Moçambique um Maxixe, posto administrativo da Circunscrição de Homoíne, distrito de Inhambane. Debalde procurei a cucurbitácea nos mercados e nas respostas às perguntas feitas na casa dos amigos em Lourenço Marques. Ninguém dá notícia da *Cucumis angúria*. O nome parece africano típico mas as fontes inquiridas indicam sua pátria como sendo as Antilhas e o continente americano tropical. Não o deparo nos volumes lidos, registando a flora ultramarina sob o domínio português. O Conde de Ficalho (*Plantas úteis da África Portuguesa*, Lisboa, 1947) declara-a *espécie americana*: "Welwitsch diz nos *Apontamentos*: 'O *Cucumis africanus* Lindl.f. (*Machiche*) cultiva-se raras vezes.' É difícil saber a que espécie se quis referir. Não é provável que fosse ao *Cucumis africanus* Lindl.f., espécie da África austral, e que nenhuma qualidade recomenda para a cultura. O nome de Maxixe dá-se no Brasil ao *Cucumis angúria* L. e talvez Welwitsch se refira a esta espécie americana, que efetivamente se parece com o *C. africanus*." Não consta em John Grossweiler (*Flora exótica de Angola*, Luanda, 1950). Curioso é que dê nome a uma povoação em Inhambane. Palavras homofonógrafas?

Outro nome que me soa brasileiro é PERY. Ao longo da estrada de ferro que liga a Beira a Umtali há a Vila PERY, clara, movimentada, acolhedora. PERY pronunciam PÊRI e não PERI, como devia ser. PÊRI obrigaria outra grafia, o inglês PERRY, batizando *counties* norte-americanos e velhas famílias britânicas. No português e no inglês não há PÊRI e menos ainda PERY. Peri é um substantivo nominal na linguagem nhengatu, o tupi brasileiro, denominando o herói selvagem do romance *O Guarany*, de José de Alencar, publicado em 1857 no Rio de Janeiro. Foi, ao tempo, divulgadíssimo, e o mais popular dos romances nacionais. A Vila PERY não teria essa origem, de alguém com esse nome tupi, lembrando o indígena sentimental e devotado?

Em Angola ocorre sempre o encontro de nomes africanos que são familiares à memória auditiva do nordeste brasileiro. No velho auto dos CONGOS havia um canto em louvor da Rainha Jinga, *senhora das gentes cambembe*. Subindo o Cuanza, justifica a jornada ir ver a barragem do

Cambembe. Antes, a linda MASSANGANO, capital na resistência portuguesa ao domínio holandês, 1648-1651. Visíveis esplendores nas ruínas da igreja de Santa Maria da Vitória e do imponente edifício do Tribunal, na solenidade de suas arcadas solitárias. Tivemos em Pernambuco o engenho MASSANGANA, no município do Cabo, onde Joaquim Nabuco se fez menino, imortalizando-o na *Minha Formação*. Há outra MASSANGANA, estação ferroviária no município do Ceará-Mirim, no Rio Grande do Norte. Em ambos os topônimos a última vogal é um *a*. É rio no Maranhão. Massangano quer dizer encontro, confluência, e é o local onde os rios Cuanza e Lucala se reúnem. Há outro Massangano no Baixo Zambeze, n'África Oriental, perto de Tete. Em Massangano faleceu em 1802 o doutor José Álvares Maciel, um Inconfidente de 1789, exilado para Angola, onde prestou serviços relevantes. Sepultou-se na igreja de Santa Maria da Vitória. Quase diariamente via seu nome na placa denominadora da rua onde está o consulado do Brasil em Luanda.

O IAIÁ e o IOIÔ foram tratamentos inarredáveis dos escravos para os *senhores moços*, rapazes e moças, e antes meninos e meninas. As pessoas idosas não recebiam essa saudação de intimidade confiada. *Nhãnhã, Nhônhô*, no sul do Brasil. Da Bahia para o norte, sempre *Iaiá* e *Ioiô*, com os diminutivos carinhosos, *Iaiazinha, Tazinha*. Para o *Ioiô* atina-se provir de "senhor". Araripe Júnior afirmava dever-se à *negra africana o petulante e vicioso* IOIÔ. E a doce IAIÁ? Jacques Raimundo, citando Bentley, indica "*do conguês* YAYA, *mãe*".

Outro vocábulo inseparável das mucamas domésticas era o SINHÁ na mesma intenção afetuosa do *Iaiá* mas com noção sensível de respeito. O "Sinhá" teria nascido de SENHORA, através de contração mutiladora e terna na fala das escravas e escravos caseiros. Assim pensava José de Alencar. Senhora, Sinhazinha, Sinhá. "Gente Sinhá" valia família de bom sangue:

> Eu não sou cabocla
> Lá do Pará.
> Sou menina boa,
> Gente Sinhá.

Na ilha de Moçambique ouvi sempre *yaya* e *mayaya*, referindo-se, indistintamente, aos meninos e meninas pretas que carregavam as crianças. Dizia-se em macua e suaíle. É uma visível deturpação de aia, ama, pajem ao serviço infantil. Não creio, perdoe-me Bentley, que os fâmulos negros chamassem *mamãe* aos jovens amos brancos. Morais registra *Aiaia*, arcaísmo valendo brinco ou vestido de meninos; *ayáya melhor*, adverte. A insistência das vogais sugere-me uma voz infantil, espontânea e sem valimento sinonímico, imitativa e natural. Deixo o *yaya* suaíle e macuano. Lá empregam para o meninote-aio mas o processo de transferência designativa parece normal e lógico. O *Ioiô* seria solução brasileira, com a vogal masculinizante. Algum étimo português fundamentaria por que os mesmos africanos não tiveram o *iaiá* nas regiões de outros idiomas.

Iaiá e *Ioiô* soam unicamente no Brasil.

MAKA MA NGOLA

> *Maka*, notícias, informações, assuntos, conversa; *ma Ngola*, de Angola.

I — Santo Preto

Pelas minhas andanças em Angola ainda não deparei São Benedito. Raros os Santos Pretos. No museu do Dundo vi uma Santa Ifigênia e outra na igreja de Nossa Senhora de Nazaré em Luanda. Nenhuma imagem de santo branco pintada de preto como era costume na devoção escrava no Brasil.

São Benedito, preto de sangue mouro, siciliano, tem mais culto em Portugal do que na África. No Brasil seus fiéis eram negros forros, a famulagem das casas-grandes e, maioria esmagante, famílias portuguesas e brasileiras. Não convergiu para nenhum orixá jeje-nagô na Bahia ou no Rio de Janeiro. Apenas João do Rio dá notícia de sua encarnação como sendo Lingongo, entre os cabindas de 1903 na então Capital Federal. Depois, desapareceu.

Seria uma fórmula defensiva evitar a presença de um Santo Preto nos candomblés e macumbas. A incidência da cor faria desconfiar a vigilância católica quanto ao processo simulador da aculturação, orixás nos oragos. Ninguém maldaria de São Jorge ser Oxóce ou Sant'Antônio representar Ogum, ambos alvos e de olhos azuis. São Benedito era "santo de preto" pela epiderme. No bailado das Taiêras em Lagarto, Sergipe, cantava-se:

> Meu São Benedito
> É santo de preto;
> Ele bebe garapa,
> Ele ronca no peito!

O melhor era afastar a coincidência perigosa.

Mas, nas populações mestiças, com a ativa colaboração negra, São Benedito e Santa Ifigênia tinham devoções festivas e calorosas. Mais no Brasil do que em Portugal. Mais em Portugal do que na África portuguesa.

Apesar da tradição dos grandes soberanos negros n'África oriental (Monomotapa) e ocidental (Mandimansa, Manicongo), a figura do Rei Preto, entre os três Reis Magos, não simboliza o nativo na pureza de sua tradição mas o muçulmanizado, usando o infalível turbante. Ainda hoje o preceito tem sido invariável. Rei Negro, o rei Belchior, é Rei Mouro, em todos os presépios.

II — Representação do "branco"

Nunca vi nas coleções de esculturas africanas uma figura de *branco* trabalhando. Caçando ou pescando. Quase todos têm as mãos nos bolsos ou cruzadas atrás das costas. *Branco não trabalha, manda o preto...* Das fronteiras de Tanganica à Guiné portuguesa as figurinhas de madeira não interrompem o modelo, ocioso e mandão. Nem existe, nas séries guardadas nos museus europeus, uma solução de continuidade. São representações que datam deste século XX quando houve um movimento de livre-crítica, determinando a exteriorização que o negro sentiu como impressão verídica. Naturalmente decorre da presença europeia radicar-se ao feitor, apontador, supervisor, gerente do grupo de pretos encarregados da produção. Pela região sudanesa, alcançando até o Senegal, o tipo do branco simbolizado não interrompe a ideia negra da indolência dominadora e superior. Mão nas costas e voz alta, dirigindo. No antigo Império das Índias diziam que a palavra *tchelo!* Vá! era *le mot qui met en branle l'Empire Indien*, afirmava Rudyard Kipling. Em trabalho o negro só podia imaginar a participação imediata e física. A configuração do *branco* entre os hindus não diferia da sugestão morfológica do africano. Mandava, não fazia. Imposição do "Homo loquens" e não "faber".

Quando o conde Luis Felipe de Ségur, voltando da América, da luta pela Independência, trouxe o negrinho Aza, de Santo Domingos, este, desembarcando na França e vendo em Brest os trabalhadores rurais, gritou, assombrado e surpreendido: *Maitre-moi! Maitre-moi! mirez lá-bas; li blancs travailler, travailler comme nous!* Não podia compreender e menos acreditar que os brancos tivessem a mesma tarefa que lhe parecia monopólio privativo de sua raça.

A escravidão deixa essa desmoralizadora herança para o trabalho livre, ausência do lavrador branco, orgulho da terra, inconcebível para o braço servil. A terra, patrimônio do esforço humano, fica sendo o melancólico apanágio da servidão.

No Brasil as regiões de maior atividade na agricultura, posteriores a 1888, coincidem com as zonas de menor coeficiência escrava. Daí o recurso à imigração, ao colonato estrangeiro. O filho dos escravos alforriados fixou-se nas cidades, dando em alta percentagem nascimento ao *malandro*, fazendo heroísmos para não trabalhar. Competia-lhe, numa compensação trágica, a vez do papel de *branco*: mão nas costas ou nos bolsos, e a vocação de mandar o cansaço alheio...

III — Pirão e Fúnji

O português levou o pirão brasileiro para Angola e o angolano trouxe o fúnji para o Brasil.

Não encontro diferença essencial entre ambos.

Pirão, que Teodoro Sampaio diz provir de *pirõ*, a papa grossa, era habitual entre os amerabas e ainda indispensável e diário para o nosso povo. Beaurepaire-Rohan registou-o no *Dicionário de Vocábulos Brasileiros* (1889): "PIRÃO, s.m. espécie de massa feita de farinha de mandioca cozida em panela ao lume, e serve à guisa de pão, para se comer a carne, peixe e mariscos. Também lhe chamam *Angu*. O *Pirão d'água* é feito com água fria, do qual mais se usa com a carne ou peixe salgados. *Pirão escaldado*, ou simplesmente *Escaldado*, é aquele que se faz lançando-se água ou caldo fervente sobre a farinha contida em uma vasilha. ETIM. Metaplasmo de *Mindypirõ*, nome que em tupi se dava às papas grossas, em contraposição a *Mingau*, que significa papas ralas (Figueira). Vasconcelos escreve *Mindipiró*, e Anchieta *Mindipirô* no mesmo sentido. O *Dic. Port. Braz* menciona *Marapirão* como termo português, e traduz em tupi por *Motapirôn*, sem contudo lhe dar a significação. Não sendo, porém, *Marapirão* vocábulo da língua portuguesa parece-me antes corruptela de *Mbapirõ*, usual entre os guaranis. Na África Ocidental é usual o termo *Pirão* (Capelo e Ivens); e sem a menor dúvida o houveram do Brasil."

Em Angola o pirão é conduto para peixe e não também para carne, como na culinária brasileira.

Óscar Ribas ensina a fazer-se o pirão angolano: "Pirão. Cozido de peixe, temperado com óleo de palma ou azeite doce, acompanhado de farinha de mandioca escaldada com o próprio caldo. Fervida uma certa porção de água, com tomate e cebola, lança-se dentro peixe fresco e seco e bocados de mandioca, juntamente com o óleo ou o azeite. Depois de tudo cozido, tira-se com uma colher a gordura e um pouco de caldo que se deita sobre a farinha, contida noutra vasilha, e a qual se mistura convenientemente. De ordinário, condimenta-se o caldo com jindungo e limão.

Verdadeiramente, pirão é a farinha assim preparada. O caldo chama-se *muzongue*. "Pilá", vernáculo de pirão, resulta de "kupiapiluka" (ser sagaz). Alusão à rapidez do preparo. E "muzongue", de "kuzonga" (medir). Alusão à quantidade de água, em relação ao produto cozinhado" (*Missosso*, II, Luanda, 1962).

O etnógrafo angolano José Cortez não difere na lição que me dá do pirão dos axiluandas, moradores na ilha de Luanda: "Na confecção do pirão, o prato que mais se come na ilha, devem entrar os seguintes elementos: farinha musseque, que se trata de uma farinha de mandioca preparada nos musseques; óleo de palma (*maji ma ndende*); água, sal e peixe, que pode ser, indistintamente, qualquer das espécies comumente apanhadas na ilha, como, por exemplo, o pargo, o cachucho, o pungo, o quingongue, o roncador, etc. Este prato é cozinhado da seguinte maneira: cozem-se em água e sal, a mandioca e o peixe, já devidamente preparado: depois de bem cozidos, adiciona-se-lhes óleo de palma. Quando estiver preparada a ebulição, tira-se, com uma colher, o óleo do cozido e deita-se sobre a farinha musseque, previamente posta numa tigela, e mexe-se bem. É a esta mistura de farinha musseque com o *maji ma ndende*, retirado do cozido, que verdadeiramente dão o nome de pirão, mas que, todavia, pressupõe o peixe e a mandioca, como elementos acompanhantes" (*A Habitação dos Axiluandas*, Estudos Etnográficos, Instituto de Investigação Científica de Angola, Luanda, 1960).

Pirão é uma palavra nhengatu e já fixada no século XVI nos seus étimos. É uma presença do indígena do litoral brasileiro na orla africana de Angola. FÚNJI é o termo mais popular e comum, entendido a todas as horas.

Óscar Ribas estuda o Fúnji: "Massa cozida de farinha, denominada *fuba*, geralmente de milho, massambala, mandioca ou batata-doce. Fervida a água, deita-se a farinha e remexe-se constantemente com um pau roliço, *guico*, a fim de se desfazerem as bolas resultantes. Não leva sal. Também se pode lotar as farinhas, a de milho, chamada de *quindele*, e a de mandioca, chamada de *bombó*. No Sul da Província, antes de se juntar a fuba, prepara-se, à parte, uma papa com água fria. Feito isto, verte-se essa mesma papa para a panela e, depois de se misturar devidamente, adiciona-se então a restante farinha. O fúnji acompanha várias iguarias. Pelo seu poder de saciedade, entra diariamente nas refeições. Representa o pão dos pobres. No Sul, consome-se a farinha de milho, e no interior de Luanda, a de bombó. Na diferenciação das suas propriedades, talvez resida a robustez daquelas populações e a menor corpulência das outras. Em Luanda e no seu interior, existe a prática de, com o próprio *guico*, se traçar uma cruz na farinha vertida, procedendo-se logo ao seu revolvimento. Outrossim acontece com a massa pronta, servida no prato de onde cada qual se aprovisiona. Se se não cumprir esta observância, corre-se o risco de engasgamento. De *kufungulula*: remexer. Alusão ao constante remeximento."

No Brasil o nosso pirão é o *escaldado*, caldo fervente sobre a farinha de mandioca, seca, única a ser empregada, e o *mexido no fogo*, farinha no caldo, dentro da panela e revolvido até a consistência desejada.

O pirão de Angola é o *escaldado* e o fúnji é o *mexido*. Os modelos brasileiros excluem o óleo de palma, azeite de dendê.

O *fúnji* instalou-se pelo nordeste do Brasil. Nunca o ouvi da Bahia para o centro ou sul. Como o pirão vale dizer alimento, subsistência, passadio, fúnji tendo a mesma acepção genérica.

Pereira da Costa (*Vocabulário Pernambucano*, Recife, 1937) recolheu o fúnji nos jornais do Recife até poucos anos passados. É também "pagodeira de danças, comes e bebes": "O honrado Partido Republicano Federal é o *rói-funge* da época" (*Lanterna Mágica*, 1896): "O Castanho faz anos; é preciso ir cumprimentá-lo efusivamente, quero dizer: provar do *funge* preparado a capricho" (*A Pimenta*, 1901); "Arlequim vai entrar no *funge*" (*Jornal do Recife*, 1914); "Fui à casa da mana apertar o *funge do almoço*" (*Jornal Pequeno*, 1915).

O *Pequeno Dicionário Brasileiro da Língua Portuguesa* (1951) cita o *Funje* como brasileirismo de Pernambuco, "reunião dançante de gente de baixa condição", fazendo desaparecer a sinonímia alimentar.

IV — Rosa Aluanda qui tenda, tenda...

Em todos os velhos Maracatus do Recife, desde 1909 quando vi o primeiro Carnaval pernambucano, estrondava, numa euforia contagiante que os tambores enlouqueciam na alucinação rítmica, o coro popularíssimo:

> Rosa Aluanda, qui tenda, tenda,
> Qui tenda, tenda,
> Qui tem tororó!

O maestro Hekel Tavares recolheu e deliciosamente harmonizou a melodia inesquecível da *Rosa Luanda*. Ninguém mais sabia a significação da toada sacudida em plenos pulmões pelas ruas, praças e pontes do Recife, Coimbra com dois Mondegos. Rosa Aluanda seria, evidentemente, Rosa de Luanda. Não fui mais além. Uma minha curiosidade permanente era conhecer a tradução da cantiga, farejada como quimbundo. Em Luanda consultei Óscar Bento Ribas, autoridade no assunto. Aqui está a resposta do mestre de Angola:

"*Tenda tenda* é a forma reduplicativa do verbo *kutenda*, lembrar-se de alguém, pensar em alguém, sentir saudades. E *tororó*, pelo que me parece, deve constituir um derivado aportuguesado de *kutolola*, abater. Portanto, abatimento. Mas apenas em sentido figurado, pois o verbo com sentido real é *kutoloka*, partir-se. Em face disso, alarguemos a tradução em toda a sua extensão. Será: "A Rosa de Luanda, que sente saudades imensas, que sente saudades imensas, e que tem abatimento." Ou, mais simplesmente: "A Rosa de Luanda, que se enche de saudades, que se enche de saudades, e que tem quebramento!"

"Em kimbundo, a conjunção 'quando' corresponde a *ki*. Se não fosse o último *qui*, a coisa ficaria: 'A Rosa de Luanda, quando se enche de saudades, tem quebramento!' Se eu conhecesse mais alguns versos seguintes, talvez me decidisse por uma tradução mais concreta. Enfim, é o que posso dizer..."

Os versos são unicamente esses. O final é um refrão.

> Rosa Aluanda, lê-lê!
> Rosa Aluanda, lá-lá!

É lógico um vivo processo deturpativo através da transmissão oral na retentiva tipicamente brasileira. As duplicações do *qui tenda tenda* são explicáveis por essa deformação instintiva mas a linha melódica, coerentemente, acompanhou a letra da cantiga trovejante.

Creio que Óscar Ribas conseguiu o claro sentido emocional. A rosa de Luanda cheia de saudades, saudades, saudades, sente-se desfalecer, os músculos que se relaxam, evocando a lonjura de mar e céu, afastadora da terra natal, o azul do imóvel firmamento, o *verde mar de navegar...*

O maestro Hekel Tavares manda-me a solfa que ele fixou, lindamente, a mais linda flor desse ramalhete angolano:

V — A importância da desatenção

Atender prontamente é para muita gente brasileira e contemporânea um índice de subalternidade. Fazer esperar pregoa autoridade. Não perder tempo em responder ao telefone, não é atitude aconselhável para a manutenção da "importância". A passagem por vários intermediários valoriza a pessoa procurada. Não é uso nacional mas universal. Ou quase.

Na África, naturalmente, a tradição é a mesma. Menos pela vontade dos chefes do que pela imposição do costume. O despotismo do costume, de que falava Stuart Mill. Costume dos pretos habituados com a exigência protocolar dos seus sobas e antigos soberanos onipotentes. Falar imediatamente, ir ao encontro, dá uma impressão desairosa de humildade social. Sir Henry Rider Haggard, que tão bem conhecia a África do Sul, já em 1885 notava no seu *King Solomon's Mines: if you rush into conversation at once a Zulu is apt to think you a person of little dignity or consideration*. A displicência vagarosa e sorridente é a melhor solução. Notei, apenas, que o compasso de espera, quando a autoridade é nativa, requer maior duração. A majestade preta expressa pela lentidão o sentido do próprio poder.

Henry Koster, em 1814, registra um episódio na povoação de Amparo, Itamaracá, evidenciando uma reação do temperamento indígena tido e havido como profissionalmente apático, resignado, tolerante. *On of the Indians of Amparo met his master, the owner of the place, in the field near to the dwelling-house. The Indian took off his own hat to speak to his master, but the same was not done by his superior; however the fellow quickly performed this for him, saying: "When you speak to people, take off your hat". The master took this quietly, and when the conversation ended, his hat was returned.*

"Quando se fala com gente, tira-se o chapéu!"

VI — Beber fumo

Como a fumaça do tabaco era deglutida, o *fumar* apareceu muito posteriormente. Fumar, produzir fumo, e não queimar tabaco, era o entendimento. O latim *fumare* não podia prever a *Nicotina tabacum*, Linneu, *tabago*, tabaco, que Cristóvão Colombo testemunhou em 1492, em Guanahani.

No Brasil, até o século XVII, o fumar era beber fumo. Creio ainda ser do século XIX essa quadrinha que Pereira da Costa recolheu no Recife:

> Sinh'Aninha *bebe fumo*
> No seu cachimbo de prata,
> Cada fumaça que bota
> É um suspiro que me mata!

Não é diverso o registo dos nossos cronistas do século XVI. Falando da ERVA SANTA, o tabaco, o padre Fernão Cardim descreve o fumante da época: "Nesta terra se fazem umas cangueras de folhas de palma cheias desta erva seca, e pondo-lhe o fogo por uma parte põem a outra na boca, e *bebem o fumo*... têm por grande vício estar todo o dia e noite deitados nas redes a *beber fumo*." Não apenas os indígenas mas eram "os portugueses perdidos por ela".

Na linguagem letrada *beber* era acompanhar com atenção, seguir com desvelo. Beber as palavras. *Boire quelqu'un les yeux*. Havia em Portugal o *beber os ventos* por alguém como sinônimo de paixão, devotamento afetuoso, interesse de amor. O mesmo na Espanha, *beber los vientos*. O "pícaro" Marcos de Obregón podia lamentar-se em 1618: *Y qué mayor pobreza que andar bebiendo los vientos?*

Na *Comédia do Cioso*, de Antônio Ferreira (1528-1569), diz a moça Clareta: "Pois outro anda aqui *bebendo os ventos*..." E Luís de Camões, na cantiga *A Três Damas Que Lhe Diziam Que o Amavam*:

> Uma faz-me juramentos
> Que só meu amor estima;
> A outra diz que se fina;
> Joana, que *bebe os ventos*.

Diz-se também *beber os ares* mas modernamente. Assim ouvi numa estória rimada de animais, quando era menino:

> Calangro *bebia os ares*
> Pela filha do Papavento.

No romance *Fanga* (Lisboa, 1943), de Alves Redol, constata-se a contemporaneidade do uso em Portugal, desaparecido no Brasil: "Os rapazes que *bebiam os ares por ela*... Antônio Maçarico, que *bebia os olhares* por ela."

Esse *beber os ventos* não determinaria o *beber fumo* mas seria processo psicológico de acomodação verbal. Parece ter sido peculiaridade do português no Brasil porque não deparei menção do *beber fumo* em Portugal. Peculiaridade que o idioma tupi também condicionava favoravelmente. Fumar, *U-pitima*, permitiria a versão do *beber fumo* por U ser também o verbo "beber".

Como o mascar, comer tabaco, fosse conhecido mas em muito menor escala de uso que o fumar, seria mais lógico o emprego do U na acepção de ingerir, beber, porque a fumaça obtida se afastava dos sólidos para aproximar-se dos líquidos, notadamente as baforadas espessas e capitosas, evocadas por Gabriel Soares de Sousa: "A folha desta erva, como é seca e curada, é muito estimada dos índios e mamelucos e dos portugueses, que *bebem o fumo d'ela*, ajuntando muitas folhas d'estas, torcidas uma com as outras e metidas em um canudo de folha de palma, e põe-lhe o fogo por uma banda, e como faz brasa metem esse canudo pela outra banda na boca, e sorvem-lhe o fumo para dentro até que lhe sai pelas ventas fora." Esse *tragar* era o *beber fumo*.

Viajou o *beber fumo* para Angola. Não me consta que emigrasse para outra qualquer região africana.

Heli Chatelain, reunindo os seus *FolksTales of Angola* (publicados em 1894), no conto "Ngana Fenda Maria", inicial da coleção, ouviu a frase: *Kunua kué makania*, que o devia ter surpreendido. Só podia traduzir: *drink thine* (was) *tobacco*. Beber tabaco? Registou em nota que todos os cronistas brasileiros do século XVI concordariam: *It seems difficult to conceive how tobacco can be a drink. But in Kimbundo instead of saying* TO SMOKE TOBACCO *one says* TO DRINK TOBACCO. *Smoke is classified with the liquids*. Naturalmente para o preto africano, como para o indígena brasileiro, o tabaco era de todas as aplicações. *Moreover, tobacco-smoking is held by the A-mbundu to be a stimulant for any physical exertion*. Exatamente como ainda no Brasil contemporâneo.

No quimbundo o *fumar é nua makanha*. O verbo beber é *nua*, e tabaco será *dikanha*, fazendo o plural *makanha*. "Beber tabaco, beber fumo". *U-pitima* ameraba.

Mas o *beber fumo* foi em Angola um modismo brasileiro ou uma simultaneidade de hábito africano? Uma coincidência de técnicas?

A *Nicotina tabacum* divulgou-se pela África Ocidental e Oriental nos finais do século XVI ou na centúria imediata mais precisamente. Espalhou-se com tal rapidez (como o amendoim, *Arachis hypogaea*) que as variedades foram julgadas produtos nativos. Antes do tabaco americano não creio que nenhum africano conhecesse a espécie, apesar das afirmativas de Wiener. Havia e fumava-se a *Cannabis sativa*, Linneu, *haxixe, cânhamo, pango, diamba, liamba, riamba, maconha*, como dizemos no Brasil onde se multiplicou em plantio e vício, vinda do uso negro. O próprio nome "tabaco" pela África denuncia a origem ameríndia, *et-tobboo, tabba, tombaco, tambo*, pela região central, em suaíle, quigala, *tabaco* e mesmo o português *fumo*, para os luchicongos. Mas em quimbundo é *dikanha, makanha, rikanha*, pouco disfarçando o *macanha, maconha*, o venenoso *cânhamo*. Era esse o tabaco de Angola antes que chegasse o verdadeiro, levado do Brasil pelo português que dele já não se separava.

Divulgado pelo intercâmbio árabe, pelo Índico e descendo do Mediterrâneo, a *dikanha* fuma-se pelo cachimbo comum angolano, *libueca*, e com o vaso com água, como os narguilés orientais, e diz-se *mutompa*. No antigo Congo Belga, no reino baluba de Mukenge, o rei Kalamba instituiu a *riamba* em rito de culto social, liame político, fundando os *Bena-Riamba*, "filhos da maconha", como registou Hermann von Wissmann (1853-1905), como o "Velho da Montanha" fizera no século XI. Hassan Ibn Sabah embriagava seus devotos com o haxixe, a mesma maconha ainda fumada no Brasil, e proveria "assassino" desses consumidores de haxixe; *ashoashin, hachchâchi*.

Ora, a *Cannabis sativa* fuma-se engolindo a fumaça para o efeito inebriante. A *Nua-makanha*, o "fumar" angolano de agora, não se referirá precisamente à engolição do fumo da maconha, um *beber-maconha*, anterior à *Nicotina tabacum*?

O preto africano fuma, masca e cheira o tabaco. Com a *riamba, pango*, apenas fumaria. Mesmo a técnica de fumar através do vaso d'água também passou ao Brasil e são conhecidos os recipientes bojudos ou oblongos de barro, destinados ao uso maconheiro. De qualquer maneira, o essencial é a queima da folha, com a sucção e deglutição da fumaça embriagadora.

Não tenho elementos para saber se o verbo "fumar" nos vários idiomas bantos e sudaneses inclui a absorção do fumo, o *tragar* característico de um bom fumador de tabaco ou de maconha, esta mais demorada para ser expelida.

No quimbundo de Angola, onde o *beber fumo* sugeria-me uma repercussão do *U-pitima* do tupi, há de considerar-se o processo anterior da diamba, ainda denunciado no próprio nome: *dikanha, makanha, maconha*.

De qualquer forma, coincidência ou repetição independente, é um liame indiscutível entre Angola e Brasil.

VII — Um testo de panela fiote

A Congregação do Espírito Santo tem uma Missão Católica em Cabinda. É um cenário maravilhoso. O Padre Manuelino de Oliveira, C. S. Sp., mostrou-me sua preciosa coleção de testos de panelas fiotes, esculpidas com motivos de crítica social, com uma força ingênua e poderosa de expressão. No estudo CABINDA VELHA falei nesse motivo. Até então desconhecia uma réplica dos Chopes e Valengues n'África Oriental, tigelas de madeira esculpidas com a mesma intenção dos relevos fiotes ao norte de Angola. Dora E. Earthy dedicou ao assunto uma rápida mas suficiente análise no plano da informação: *Note on the decorations on carved wooden food-bowls from South Chopiland* (Pretoria, 1925). Alguns testos cabindianos foram divulgados pelo P. Joaquim Martins, C. S. Sp., *O Simbolismo entre os pretos do distrito de Cabinda* (Boletim do Instituto de Angola, n. 15, Luanda, 1961). Aqueles que vi na coleção do Pe. Manuelino de Oliveira não me parecem compreendidos.

Devo ao P. Manuelino de Oliveira a foto e a justificação, com algum texto em língua fiote.

"Testo de panela fiote. 1°: Homem, com um braço amputado, é transportado de tipoia. *Ono kuanguka koko, na ui kuendila um kipoio.* Ou seja: "O indivíduo com o braço amputado, vai de tipoia." 2°: Homem, com uma perna amputada, arrasta-se pelo chão, arrimado a um bordão. *Ono u kuanguka kulu, na ui liatila mu ikoko.* Ou seja: "O indivíduo com a perna amputada arrasta-se pelo chão, arrimado a um bordão." 3°: Campainha de metal, de duas bocas de sino e sem badalo, que os cabindas tocam com a percussão de um pauzinho. *Ngonge, mbembo fumo.* Ou seja: "A campainha, *ngonge*, é a voz anunciadora das ordens ou da presença do Rei."

Análise: Veem-se, por vezes, coisas que parecem um contrassenso. É, exatamente, o caso figurado pelo primeiro e segundo símbolos: quem tem pernas, vai de tipoia, e quem não tem pernas, vai a pé...

Teoricamente, de acordo; mas a vida não é feita de... teorias. Cada qual trata mas é de se arranjar o melhor, ou menos mal, que pode...

Com respeito a ter-se, na vida, mais ou menos sorte, que fazer? – Cada qual é para o que nasce... Como se pode ver pela campainha *ngonge*, símbolo real entre os cabindas, o senhor que vai de tipoia é Rei! Ora, como se sabe, "Quem manda, pode! E... está tudo dito. Que cada qual, portanto, se contente com a sua sorte e se arranje conforme pode. É assim a vida."

(a) Pe. Manuelino de Oliveira

Cabinda, 22 de junho de 1964.

Assim o Rei, sem braço, vai de tipoia. O vilão, sem perna, arrasta-se no chão. O anônimo escultor fiote fixou o tema no rebordo da tampa da sua panela. Poucos olhos haviam de ver o silencioso protesto, limitado na simples exposição do contrassenso. *Così va il mondo...*

VIII — A Milonga no Brasil

Pelo nordeste do Brasil *milonga* quer dizer conversa inútil, palavreado, embromação, perífrase vulgar. "Deixem-se de milongas e embrulhadas!" escrevia-se no Recife de 1829. O *Dicionário do Folclore Brasileiro* o regista.

Vocábulo do linguajar dos escravos está, praticamente, fora de uso.

A documentação é velha e excelente. Macedo Soares (1880): "MILONGA... só usado entre os negros, significando palavrada, palavras tolas ou insolentes." Beaurepaire-Rohan (1889): – "MILONGA, s.f. (Pern.): enredos, mexericos, desculpas malcabidas: Conta-me a coisa como ela se deu, e deixa-te de *milongas*. ETIM. É vocábulo de origem bunda. *Milonga* é o plural de *mulonga* e significa *palavras* (Saturnino e Francina). Em certos casos pode ter a acepção de *palavrório*. Segundo Cannecatim, tem também a significação de *questão*."

Milonga, plural de *mulonga*, em quimbundo vale dizer disputa verbal, discussão, conversa acalorada, querela, insulto. Unicamente no plano oral. Em Angola, a praça, átrio, terreiro destinado aos julgamentos, decisões processuais entre os nativos, denominava-se *Di-kanga dia milonga*, o pátio das questões. Como todo africano preto é orador nato, deduz-se o palavreado antecedente e consequente ao formalismo judicial. Milonga é fato e é forma processual.

Heli Chatelain registou: *Milonga, pl. of Mulonga, Here the plural is used for the singular in a loose way of speaking, Mulonga means word, speech, dispute, quarrel, lawsuit, crime, offense, insult.*

Dessa acepção primária, Milonga provocou, não sei se unicamente no Brasil, o adjetivo *Milongueiro*, manhoso, astuto, insinuante. Quem sabia argumentar, desculpar-se ou sugerir, empregando habilmente a *milonga*, era *milongueiro*. Transferira-se do geral para o particular, já no nível da elevação pessoal. Milonga podia ser chiste, pilhéria espirituosa, graça envolvedora. Sempre intencional.

Nos países do rio da Prata, notadamente na Argentina, popularizou-se a MILONGA, TANGO MILONGA, MILONGUITA, bailado de par enlaçado, de melodia dolente e cativante, com atitudes e passos variados e coleantes. O TANGO MILONGA teria de Angola apenas o nome e não a coreografia. Não existe, legitimamente, dança africana de homem e mulher enlaçados. MILONGUEIRO, n'Argentina, é o músico especialista nas milongas e também o dançador de milongas. Elegante, donairoso, flexível, sedutor. A imagem disputadora e brigona da milonga angolana desapareceu.

O TANGO MILONGA passou para o Rio Grande do Sul, onde se tornou conhecido. Não sei se alcançou o interior da província, competindo com os bailes tradicionais, ou se se fixou nas cidades. O *milongueiro* gaúcho é idêntico ao argentino. Milonga não é barulho, falatório quente, discussão mas astúcia, destreza em palavras e modos, evitando ou dirimindo o problema.

Assim, o *Pequeno Dicionário Brasileiro da Língua Portuguesa* (1951) regista: "*Milonga*, s.f. (Bras., Rio Grande do Sul). Espécie de música platina, dolente, cantada ao som da guitarra ou violão; pl; (Bras.) (fig) mexericos; manhas; dengues; desculpas malcabidas. MILONGUEIRO, adj. e s.m. (Bras., Rio Grande do Sul). Que, ou aquele que canta milongas; (fig.) manhoso, dengoso; que, ou aquele que tem lábia."

Pereira da Costa, *Vocabulário Pernambucano*: "Milonga – Trapalhada, enredo, embrulho; palavrório, rodeio, desculpas de cabo de esquadra."

No Amazonas, milonga tem outro e bem diverso sinônimo. Barbosa Rodrigues (*Poranduba Amazonense*, Anais da Biblioteca Nacional, fasc. 2º, 1886-1887, Rio de Janeiro, publicado em 1890), foi o primeiro a revelar a nova versão da milonga amazônica: *Milonga. É termos africano imiscuído na língua geral e significa remédio, feitiço, talismã.* No conto "Jurupari e as moças", a milonga do duende estava escondida dentro da concha de um caramujo. Convergia, tematicamente, para a *puçanga*, meizinha, amuleto, objeto de magia atacante ou defensiva, entre os mestiços amazônicos. Pela primeira vez no Brasil a milonga toma forma concreta, material, sensível, e não mais palavra ou veemente exposição verbal.

Segredo ou mistério, cobrindo aspectos da Umbanda que escapam à compreensão racional, é o novo significado de *milonga* no Rio de Janeiro (Byron Torres de Freitas e Tancredo da Silva Pinto, *As mirongas de Umbanda*, Rio, 1953).

Em H. Capelo e R. Ivens (*De Benguela às terras de Iaca*, I, Lisboa, 1881), os nativos pediam aos viajantes: "*Milongo, n'gana ame...* remédio, senhor meu!" É nessa mesma acepção o sentido do *milongo*, dado por Luís Figueira (*África Banto – Raças e Tribos de Angola*. Lisboa, 1938): "As mulheres ambundas conhecem, na maioria dos casos, *os milongas*, os remédios inerentes ao sexo."

Aí está o *milongo*, remédio africano no Brasil.

IX — Publius Syrus em Fortaleza e Luanda

Em Angola ouvi o provérbio: "Quem anda de dois, anda depressa..." Há texto quimbundo em *Missosso* (1º vol. Luanda, 1961), coligido por

Óscar Ribas: *Njila ia kiiadi, kiaibê*: "caminho andado por dois, desagradável não é."

À volta de 1919, Leonardo Mota recolheu nos versos do cantador Anselmo Vieira de Sousa (*Cantadores*, Rio de Janeiro, 1921) em Fortaleza, Ceará:

> Não tem outro cantadô
> Pra me ajudá um tiquim...
> O cantá de dois é bom,
> O ruim é cantá sozim:
> A gente, andando de dois,
> Encurta mais os camím...

Aulo Gelo (*Noites Áticas*, XVII, XIV) faz uma seleção de sentenças retiradas das comédias de Publius Syrus: *Sententiae ex Publii mimis selectae lapidiores*. Publius, nascido na Síria, 80 anos antes de Cristo, foi levado a Roma como escravo e faleceu à volta de 21, primeiros anos do governo de Augusto. Compôs as *mimas*, farsas burlescas, tornadas populares. Restam alguns fragmentos sob o título de SENTENÇAS, citadas por Aulo Gelo. Júlio César preferia-o a Laberius, então prestigiado pelo aplauso romano. Há vinte séculos, Publius Syrus sentenciava: *Comes facundus in via pro vehiculo est.* Um companheiro conversador vale um carro na viagem...

René Basset (*Mille et un contes, récits & légendes árabes*, I, Paris, 1924) repete um refrão árabe: *la conversation abrège la route*. Informa de um enigma berbere: *Porte-moi et je te porterai (entretenons, et la route nous paraîtra plus aisée)*.

Comparece-se o provérbio de Angola, "caminho andado por dois...", com o nordestino do Ceará "a gente, andando de dois..."

Vão juntos. Como os frades franciscanos na evocação de Dante Alighieri (*Inferno*, XXIII, 2-3):

> *n'andavam l'un dinanzi e l'altro dopo,*
> *como frati minor vanno per via.*

X — O nome bonito

Afrânio Peixoto colecionou em *Miçangas* (Rio de Janeiro, 1931) longa série de nomes inverossímeis e verídicos: Sindalfo Calafange Catolé da Assunção Santiago, Comigo É Nove da Garrucha Trouxada, Francisco Facada Sargento de Cavalaria, Abrilina Décima Nona Caçapavana Piratininga de Almeida, Azarias Califrouchon Borges Neuplides Panteon, Lança--Perfume Rodometálico de Andrade, alucinantes.

Há vários centos e toda gente conhece essa mania estranha de dar aos filhos indefesos nomes extraordinários e cômicos.

Creio firmemente que nenhum outro país do mundo se avantaja ao Brasil na concorrência dessa ridicularia denominadora. Fiz em 1940, por ocasião do Recenseamento Nacional, uma boa provisão de asnices nominais, irrecorríveis e inapeláveis porque os pais estão convencidos da deslumbrância irrecusável. Ninguém ignora pessoas equilibradas e cultas imaginarem para suas crianças nomes inconcebíveis e fantásticos. Os sacerdotes lutam obstinadamente contra a loucura, antepondo nomes humanos às designações malucas. Um meu *office-boy* no Rio de Janeiro chamava-se João Pipiriguaçu Oiapoque Mendonça. O pai, admirador do barão do Rio Branco, homenageara duas vitórias diplomáticas do Chanceler na defesa de nossas fronteiras. O padre impusera o João que, afinal, era cristão e comum, como era João um Jacareaçu Pindorama Guedes, sorveteiro no Pavilhão Mourisco, no meu tempo de estudante de Medicina.

Essa técnica preferencial encontra em Angola semelhança nos modelos, réplicas que podem ser cópias inconscientes ou formas determinantes da mania brasileira. O exemplo histórico é provadamente africano e o brasileiro veio na suplência devocional.

Heli Chatelain cita Ngana Kamuanbatâ, Ngana Kamuanbelâ, equivalendo ao "Senhor Não me-Leve" e "Senhor Não me-Fale". Óscar Ribas, no *Ilundo*, fala num espírito poderoso, ex-rainha do Congo, tia da deusa Hônji, chamada "Dona Maria Cumequeta de Máji de Guba", em português, Dona Maria Reluzente de Óleo de Jinguba (amendoim). Alfredo de Sarmento, no *Sertões d'África*, regista os nomes felizes dos ministros do rei de Congo, em julho de 1665: Calisto Sebastião Castelo Branco Lágrimas da Madalena Ao Pé Da Cruz Do Monte Calvário, Geraldo Zilote Manuel Arrependimento De São Pedro No Côncavo Da Terra, Cristóvão de Aragão dos Vieiras da Feliz Memória, Miguel Tércio Pelo de Três Altos Para Borzeguins Que Cobrem os Pés Del-Rei Meu Senhor, Rafael Afonso de Ataíde Como Cedro do Monte Líbano...

Lindos!...

ADENDO

O Cafuné em Angola

ÓSCAR RIBAS

Esta informação preciosa, a primeira notícia sobre o CAFUNÉ em sua terra natal, devo-a ao mestre de Angola, Óscar Bento Ribas, em janeiro de 1958. Aproveitei-a parcialmente no *Dicionário do Folclore Brasileiro*, citando-a no estudo que neste volume dediquei ao CAFUNÉ. Creio ser indispensável sua divulgação integral.

Constituiu o cafuné uma inveterada prática angolana, muito apreciada pela doce sonolência despertada. Usaram-no homens e mulheres, adultos e crianças. Mas só as mulheres o aplicavam. A operação compreende três partes: a preparatória, a entorpecedora e a finalizante. Na preparatória, friccionava-se, com o indicador direito, lentamente, suavemente, aqui, ali, acolá, em todo o couro cabeludo. Na entorpecedora, à medida que se esfregava, vergava-se o polegar respectivo, como que matando um piolho, daí se arrancando, com habilidade, o estalido do suposto esmagamento. E na finalizante, consequentemente no final da fictícia catagem, aplicava-se, não uma mão, mas ambas, cada qual em seu lugar.

Na prodigalização desse mimo ou passatempo, isso conforme as circunstâncias, a operadora permanecia sentada, de ordinário em esteira ou luando[1], com as pernas estendidas, e o paciente, deitado, com a cabeça recostada no seu colo. A hora mais propícia era a da tarde, sobretudo quando o calor apertava, ou, então, de noite, após o jantar. De dia, fora de casa, a uma sombra do quintal ou duma árvore próxima. E de noite, também no quintal, quando a família, em ameno entretenimento, quer de cavaqueira, quer de passatempo, seroava, ou, tipicamente, *sunguilava*, mormente ao luar.

---

1 Espécie de esteira, enrolando-se no sentido da largura.

Os óbitos representavam outros esplêndidos sítios para o cafuné. No período que decorria entre o falecimento e o cerimonial da varrição das cinzas[2], popularmente designado por *combaditôcua*, as pessoas amigas, no prosseguimento do conforto ao lar enlutado, iam-se entretendo com esse enganoso espiolhamento. Mas só quando se palestrava, porque, de noite – o único momento permitido para se *porem* histórias e adivinhas – quem se deixasse adormecer, pagava uma multa, imposta, por condenação, pelo contador da narrativa.

Mas como o ócio a tudo favorece, o cafuné servia de pretexto para o preencher. Assim, qualquer lugar, mesmo ao sol, fazia jeito, muito bom jeito – jeito para quem o *punha*, jeito para quem era *posto*.

Em Luanda, até por volta de 1930, viam-se mulheres, quer no mercado, quer nos chafarizes, estes localizados nos bairros humildes, *pondo* cafunés, enquanto aguardavam a vez de serem atendidas ou, como frequentemente sucede, mandriavam de sua conta. Em época mais remota, lá pelo ano de 1880, quando ainda não existia a canalização da água, as lavadeiras, na praia, porquanto era no mar que se procedia a uma fase da lavagem da roupa, igualmente faziam o mesmo, enquanto ela secava. Não era um, nem dois grupos, mas vários. E então se acomodavam no solo, e no próprio solo se estiravam. E mesmo em casa dos amos, a criadagem feminina, nas horas vagas, não se dispensava dessa volúpia.

Embora a posição mais frequente fosse a indicada, podia o paciente ficar deitado, ajoelhando-se ou acocorando-se, por detrás, a executante. Por vezes, chegavam a catar-se umas poucas, em fila de reciprocidade, excetuando a última, bem entendido, que não se beneficiava desse prazer. Mas essa postura, como facilmente se depreende, não originava a total delícia que se devia fruir. Se, no tateamento, aparecesse algum piolho, para melhor sensação, era logo aí esmagado. Contudo, se a operadora, por repugnância, o não quisesse fazer, limitava-se a retirá-lo e a entregá-lo ao seu portador, a fim de o matar, ou, vulgarmente, por entre as unhas dos polegares, ou, anormalmente, por entre os dentes incisivos, expelindo depois a saliva. É que, segundo a filosofia dos que assim procedem, dos quais, pela constância da norma, sobressaem os Quissamas, se o parasita os havia mordido, também eles o deviam morder.

---

2   Rito que, para tranquilidade da alma de um defunto, consiste em se varrer a casa toda ao canto do primeiro galo, juntando-se a varredura à dos dias anteriores, amontoada a um canto do quintal, desde o passamento ao oitavo dia, nas pequenas cinzas, e do oitavo ao décimo quinto, nas grandes cinzas.

Posto que sem relação com o assunto, diremos ainda que aquele povo não admitia que alguém, acidentalmente, lhes fizesse notar a existência dalgum piolho tresmalhado. Então, a criatura a quem se havia feito o reparo, indignada, apresentava-lhe uma *quinda*[3], para que o atrevido comentador a enchesse de tais bichinhos. Como isso era inteiramente impossível, era morto ou vendido como escravo. Só assim se remia tão grande injúria! Isto, outrora...

O cafuné, segundo os apreciadores, para ser verdadeiramente apetitoso, devia estar forte, ou, conforme o vulgo, *gritar*. Esse efeito, no entanto, não era obtido por todas as mulheres. Em resultado, existirem autênticas especialistas. Mesmo não *gritando*, o saber-se *pôr* cafunés, na classe baixa, constituía, a par da *jimbumba*[4], um dos predicados femininos. Do mesmo modo que uma mulher sem *jimbumba* se assemelhava ao bagre, assim ela, desprovida dessa habilidade, não conquistava o título de *perfeita*.

Conforme já dissemos, era à mulher que competia *pôr* cafunés. Quando alguém os pretendesse, pedia a pessoa íntima. O homem, se fosse solteiro, solicitava-os a uma parenta. Se namorava, à conversada, à hora do idílio. E se casado, à cara-metade. Em regra, as mães, para adormecerem as crianças, aconchegavam-nas a essa estalejante carícia.

Antigamente, quando as grandes senhoras africanas, de vestidos ou de panos, desejavam atrair o sono, ordenavam a uma ou duas escravas, ou mesmo *discípulas*[5], que as afagassem. Estendidas na cama, esteira ou tapete, recebiam então a suavidade do original narcótico. Mas só uma *punha* os cafunés, pois a outra lhe acariciava os dedos dos pés, puxando-os docemente de alto a baixo, um a um, para com a mesma brandura os dobrar no final de cada esticadela, sempre com o voluptuoso efeito dos estalinhos. E ai daquela que, descuidadamente, se deixasse vencer por Morfeu! Se a embalada patroa ou *mestra*[6] as surpreendesse, logo um junco, previamente colocado à mão, as chamava à realidade.

Quanto referimos, respeita ao setor em que se fala o quimbundo, isto é, de Luanda a Malanje. Mas o cafuné também se empregou, como ainda

---

3 Espécie de cesta.

4 Tatuagem.

5 Moça que entra para um serviço, não como serviçal, mas como aprendiz, a fim de melhor assimilação dos costumes europeus. Esta norma, ontem mais do que hoje, é muito usada pelos indígenas, e a ama, designada por *mestra*, ordinariamente a batiza, e, tanto ou mais que os pais, a orienta pela vida fora.

6 Ver nota anterior.

se emprega, em toda a Província. Com nomes diferentes, pela diversidade das línguas faladas nas várias regiões. Na área de Benguela, entre os Umbundos, semelhante costumeira designa-se por *xicuanli*. No simulacro da catagem, funcionam simultaneamente ambas as mãos: enquanto uma afaga a cabeça, a outra, através do polegar, vai arrancando os estalinhos.

Entre os Quiocos e Lundas, pertencentes a outras tribos, verificam-se as seguintes particularidades:

1 – Como o penteado das mulheres é muito complicado, decorrentemente moroso, servem-se elas da dita usança, denominada *coxoboleno*, para adormecerem a paciente. Isto, claro, se for outra mulher a preparar o cabelo. Portanto, a paciente fica deitada, com a cabeça repousada no colo da operadora.

2 – Os *muquíxis*[7], logo que param de dançar, correm, de mão em riste, para o espectador mais próximo e, depois de lhe prodigalizarem um dos referidos estalinhos, gritam: *Munxoleno!* Com este termo, pedem aos restantes assistentes que adormeçam, embora mal e por pouco tempo, enquanto se preparam para nova exibição.

A sua extinção nos grandes centros, ou, mais precisamente, a sua enorme decadência, deve-se a dois importantes fatores: as dificuldades econômicas e a vertiginosa corrida para o Progresso. No primeiro caso, as criaturas dadas a esse prazer, com a maior soma de trabalho verificada em toda parte, deixaram de possuir a antiga largueza de ócio – a base fundamental do cafuné. E no segundo, as atuais gerações, pela aversão que sentem por tudo que tresanda a tradicionalismo, nem sequer pensam em tal coisa. Por isso, a decadência; por isso, a aparente extinção. Daqui, o usar-se, só em reduzidíssima escala, como que em desfolhamento de saudades.

Etimologicamente, o cafuné – aportuguesamento do quimbundo *kifune*, o verdadeiro termo local de emprego corrente – resulta de *kufunata*: vergar, torcer. Compreende-se: para a produção do ruído, tem que se vergar o polegar, quer estalando sozinho, quer também com o indicador, pelo toque das duas unhas – a do polegar na do indicador.

Luanda, 25 de janeiro de 1958.

---

7 Dançarino que se mascara ritualmente.

Obras de Luís da Câmara Cascudo Publicadas pela Global Editora

Antologia da alimentação do Brasil
Antologia do folclore brasileiro – volume 1
Antologia do folclore brasileiro – volume 2
Câmara Cascudo e Mário de Andrade – Cartas 1924-1944
Canto de muro
Civilização e cultura
Coisas que o povo diz
Contos tradicionais do Brasil
Dicionário do folclore brasileiro
Folclore do Brasil
Geografia dos mitos brasileiros
História da alimentação no Brasil
História dos nossos gestos
Jangada – Uma pesquisa etnográfica
Lendas brasileiras
Literatura oral no Brasil
Locuções tradicionais no Brasil
Made in Africa
Mouros, franceses e judeus – Três presenças no Brasil
Prelúdio da cachaça
Prelúdio e fuga do real
Rede de dormir – Uma pesquisa etnográfica
Religião do povo
Sociologia do açúcar
Superstição no Brasil
Tradição, ciência do povo
Vaqueiros e cantadores
Viajando o sertão

Obras Juvenis

Contos tradicionais do Brasil para jovens
Histórias de vaqueiros e cantadores para jovens
Lendas brasileiras para jovens
Vaqueiros e cantadores para jovens

Obras Infantis

Contos de animais
Contos de exemplo
Facécias

Coleção Contos de Encantamento

A princesa de Bambuluá
Couro de piolho
Maria Gomes
O marido da Mãe D'Água – A princesa e o gigante
O papagaio real